QINHEFENGYUN　LIUFENGYUYUNQINLIANGAN

沁河风韵系列丛书　　　主编|行　龙

流风余韵沁两岸

行　龙|著

山西出版传媒集团　　山西人民出版社

图书在版编目（CIP）数据

　　流风余韵沁两岸 / 行龙著. —太原：山西人民出
版社，2016.6
　　（沁河风韵系列丛书）
　　ISBN 978-7-203-09418-0

　　Ⅰ. ①流… 　Ⅱ.①行… 　Ⅲ. ①河流–流域–概况–
山西省　Ⅳ.①K928.42

　　中国版本图书馆CIP数据核字（2016）第066379号

流风余韵沁两岸

丛书主编：行　龙
著　者：行　龙
责任编辑：王新斐

出 版 者：山西出版传媒集团·山西人民出版社
地　　址：太原市建设南路21号
邮　　编：030012
发行营销：0351-4922220　4955996　4956039　4922127（传真）
天猫官网：http://sxrmcbs.tmall.com　电话：0351-4922159
E-mail：sxskcb@163.com　发行部
　　　　　sxskcb@126.com　总编室
网　　址：www.sxskcb.com

经 销 者：山西出版传媒集团·山西人民出版社
承 印 者：山西出版传媒集团·山西新华印业有限公司

开　　本：720mm×1010mm　　1/16
印　　张：12.5
字　　数：200千字
印　　数：1-1600 册
版　　次：2016 年 6 月　第 1 版
印　　次：2016 年 6 月　第 1 次印刷
书　　号：ISBN 978-7-203-09418-0
定　　价：45.00元

如有印装质量问题请与本社联系调换

风韵是那前代流传至今的风尚和韵致。

沁河是山西的一条母亲河。

沁河流域有其特有的风尚和韵致，

那悠久而深厚的历史文化传统至今依然风韵犹存。

这里是中华传统文明的孵化地，

这里是草原文化与中原文化交流的过渡带，

这里有闻名于世的北方城堡，

这里有相当丰厚的煤铁资源，

这里有山水环绕的地理环境，

这里更有那独特而深厚的历史文化风貌。

由此，我们组成"沁河风韵"学术工作坊，

由此，我们从校园和图书馆走向田野与社会，

走向风光无限、风韵犹存的沁河流域。

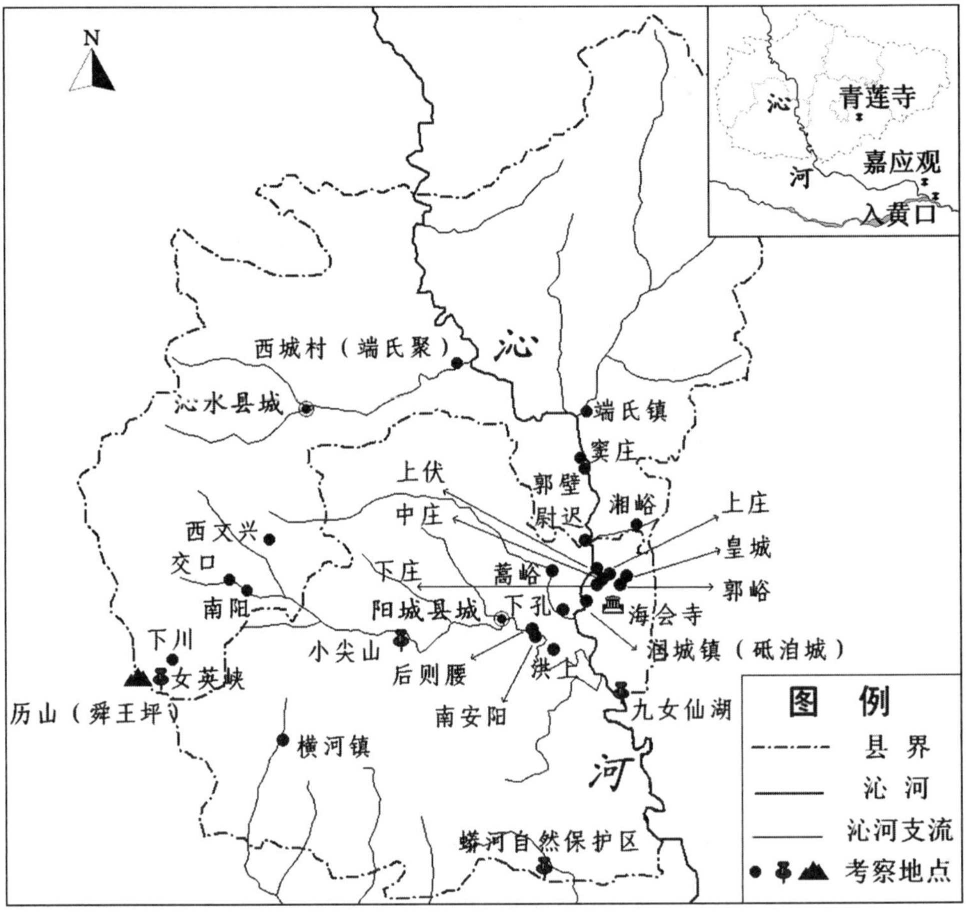

N

嘉应观

入黄口

西城村（端氏聚）

沁

沁水县城

端氏镇

窦庄

上伏
郭壁
湘峪
上庄

中庄
尉迟
皇城

西文兴
交口
下庄
蒿峪
郭峪

南阳
阳城县城
下孔
海会寺

下川
小尖山
后则腰
泖城镇（砥泊城）

女英峡
洪上

历山（舜王坪）
南安阳
九女仙湖

横河镇

河

蟒河自然保护区

图 例	
—·—·—	县 界
———	沁 河
——	沁河支流
● ⚑ ▲	考察地点

"沁河风韵学术工作坊"集体考察地点一览图（山西大学中国社会史研究中心 李嘎绘制）

三晋文化传承与保护协同创新中心

沁河風韵 学术工作坊

一个多学科融合的平台
一个众教授聚首的场域

第一场

鸣锣开张：

走向沁河流域

主讲人：行龙

中国社会史研究中心 教授

时间：2014年6月20日晚7：30
地点：山西大学中国社会史研究中心（整知楼）

沁河风韵学术工作坊海报

田野考察

会议讨论

总　序

行　龙

"沁河风韵"系列丛书就要付梓了。我作为这套丛书的作者之一，同时作为这个团队的一分子，乐意受诸位作者之托写下一点感想，权且充序，既就教于作者诸位，也就教于读者大众。

"沁河风韵"是一套31本的系列丛书，又是一个学术团队的集体成果。31本著作，一律聚焦沁河流域，涉及历史、文化、政治、经济、生态、旅游、城镇、教育、灾害、民俗、考古、方言、艺术、体育等多方面，林林总总，蔚为大观。可以说，这是迄今有关沁河流域学术研究最具规模的成果展现，也是一次集中多学科专家学者比肩而事、"协同创新"的具体实践。

说到"协同创新"，是要费一点笔墨的。带有学究式的"协同创新"概念大意是这样：协同创新是创新资源和要素的有效汇聚，通过突破创新主体间的壁垒，充分释放彼此间人才、信息、技术等创新活力而实现深度合作。用我的话来说，就是大家集中精力干一件事情。教育部2011年《高等学校创新能力提升计划》（简称"2011计划"）提出，要探索适应于不同需求的协同创新模式，营造有利于协同创新的环境和氛围。具体做法上又提出"四个面向"：面向科学前沿、面向文化传承、面向行业产业、面向区域发展。

在这样一个背景之下，2014年春天，山西大学成立了"八大协同创新中心"，其中一个是由我主持的"三晋文化传承与保护协同创新中心"。在2013年11月山西大学与晋城市人民政府签署战略合作协议的基础上，在征求校内外多位专家学者意见的基础上，我们提出了集中校内外多学科同人对沁河流域进行集体考察研究的计划，"沁河风韵学术工作坊"由此诞生。

风韵是那前代流传至今的风尚和韵致。词有流风余韵，风韵犹存。

沁河是山西境内仅次于汾河的第二条大河，也是山西的一条母亲河。沁河流域有其特有的风尚和韵致：这里是中华传统文明的孵化器；这里是草原文化与中原文化交流的过渡带；这里有闻名于世的"北方城堡"；这里有相当丰厚的煤铁资源；这里有山水环绕的地理环境；这里更有那独特而丰厚的历史文化风貌。

横穿山西中部盆地的汾河流域以晋商大院那样的符号已为世人所熟识，太行山间的沁河流域却似乎是"养在深闺人不识"。与时俱进，与日俱新，沁河流域在滚滚前行的社会大潮中也在波涛翻涌。由此，我们注目沁河流域，我们走向沁河流域。

以"学术工作坊"的形式对沁河流域进行考察和研究，是由我自以为是、擅作主张提出来的。2014年6月20日，一个周五的晚上，我在中国社会史研究中心学术报告厅作了题为"鸣锣开张：走向沁河流域"的报告。在事先张贴的海报上，我特意提醒在左上角印上两行小字"一个多学科融合的平台，一个众教授聚首的场域"，其实就是工作坊的运行模式。

"工作坊"（workshop）是一个来自西方的概念，用中国话来讲就是我们传统上的"手工业作坊"。一个多人参与的场域和过程，大家在这个场域和过程中互相对话沟通，共同思考，调查分析，也就是众人的集体研究。工作坊最可借鉴的是三个依次递进的操作模式：首先是共同分享基本资料。通过这样一个分享，大家有了共同的话题和话语可供讨论，进而凝聚共识；其次是小组提案设计。就是分专题进行讨论，参与者和专业工作者互相交流意见；最后是全体表达意见。就是大家一起讨论即将发表的成果，将个体和小组的意见提交到更大的平台上进行交流。在6月20日的报告中，"学术工作坊"的操作模式得到与会诸位学者的首肯，同时我简单介绍了为什么是"沁河流域",为什么是沁河流域中游沁水—阳城段,沁水—阳城段有什么特征等问题,既是一个"抛砖引玉",又是一个"鸣锣开张"。

在集体走进沁河流域之前,我们特别强调做足案头工作,就是希望大家首先从文献中了解和认识沁河流域,结合自己的专业特长初步确定选题,以便在下一步的田野工作中尽量做到有的放矢。为此,我们专门请校图书馆的同志将馆藏有关沁河流域的文献集中在一个小区域,意在大家"共同分享基本资料",诸位开始埋头找文献、读资料,校图书馆和各院系及研究所的资料室里,出现了工作坊同人伏案苦读和沉思的身影。我们还特意邀请对沁河流域素有研究的资深专家、文学院沁水籍教授田同旭作了题为"沁水古村落漫谈"的学术报告;邀请中国社会史研究中心阳城籍教授张俊峰作了题为"阳城古村落历史文化刍议"的报告。经过这样一个40天左右"兵马未动,粮草先行"的过程,诸位都有了一种"才下眉头,又上心头"的感觉。

2014年7月29日,正值学校放暑假的时机,也是酷暑已经来临的时节,山西大学"沁河风韵学术工作坊"一行30多人开赴晋城市,下午在参加晋城市主持的简短的学术考察活动启动仪式后,又马不停蹄地赶赴沁水县,开始了为期10余天的集体田野考察活动。

"赤日炎炎似火烧,野田禾稻半枯焦。"虽是酷暑难耐的伏天,但"沁河风韵学术工作坊"的同人还是带着如火的热情走进了沁河流域。脑子里装满了沁河流域的有关信息,迈着大步行走在风光无限的沁河流域,图书馆文献中的文字被田野考察的实情实景顿时激活,大家普遍感到这次集体田野考察的重要和必要。从沁河流域的"北方城堡"窦庄、郭壁、湘峪、皇城、郭峪、砥洎城,到富有沁河流域区域特色的普通村庄下川、南阳、尉迟、三庄、下孔、洪上、后则腰;从沁水县城、阳城县城、古侯国国都端氏城,到山水秀丽的历山风景区、人才辈出的海会寺、香火缭绕的小尖山、气势壮阔的沁河入黄处;从舜帝庙、成汤庙、关帝庙、真武庙、

3

河神庙，到土窑洞、石屋、四合院、十三院；从植桑、养蚕、缫丝、抄纸、制铁，到习俗、传说、方言、生态、旅游、壁画、建筑、武备；沁河流域的城镇乡村，桩桩件件，几乎都成为工作坊的同人们入眼入心、切磋讨论的对象。大家忘记了炎热，忘记了疲劳，忘记了口渴，忘记了腿酸，看到的只是沁河流域的历史与现实，想到的只是沁河流域的文献与田野。我真的被大家的工作热情所感染，60多岁的张明远、上官铁梁教授一点不让年轻人，他们一天也没有掉队；沁水县沁河文化研究会的王扎根老先生，不顾年老腿疾，一路为大家讲解，一次也没有落下；女同志们各个被伏天的热火烤脱了一层皮；年轻一点的小伙子们则争着帮同伴拎东西；摄影师麻林森和戴师傅在每次考察结束时总会"姗姗来迟"，因为他们不仅有拍不完的实景，还要拖着重重的器材！多少同人吃上"藿香正气胶囊"也难逃中暑，我也不幸"中招"，最严重的是8月5日晚宿横河镇，次日起床后竟然嗓子痛得说不出话来。

何止是"日出而作，日入而息"，不停地奔走，不停地转换驻地，夜间大家仍然在进行着小组讨论和交流，似乎是生怕白天的考察收获被炙热的夏夜掠走。8月6日、7日两个晚上，从7点30分到10点多，我们又集中进行了两次带有田野考察总结性质的学术讨论会。

8月8日，满载着田野考察的收获和喜悦，"沁河风韵学术工作坊"的同人们一起回到山西大学。

10余天的田野考察既是一次集中的亲身体验，又是小组交流和"小组提案设计"的过程。为了及时推进工作进度，在山西大学新学期到来之际，8月24日，我们召开了"沁河风韵学术工作坊"选题讨论会，各位同人从不同角度对各选题进行了讨论交流，深化了对相关问题的认识，细化了具体的研究计划。我在讨论会上还就丛书的成书体例和整体风格谈了自己的想法，诸位心领神会，更加心中有数。

与此同时，相关的学术报告和分散的田野工作仍在持续进行着。为了弥补集体考察时因天气原因未能到达沁河源头的缺憾，长期关注沁河上游生态环境的上官铁梁教授及其小组专门为大家作了一场题为"沁河源头话沧桑"的学术报告。自8月27日到9月18日，我们又特意邀请三位曾被聘任为山西大学特聘教授的地方专家就沁河流域的历史文化作报告：阳城县地方志办公室主任王家胜讲"沁河流域阳城段的文化密码"；沁水县沁河文化研究会副会长工扎根讲"沁河文化研究会对沁水古村落的调查研究"；晋城市文联副主席谢红俭讲"沁河古堡和沁河文化探讨"。三位地方专家对沁河流域历史文化作了如数家珍般的讲解，他们对生于斯、长于斯、情系于斯的沁河流域的心灵体认，进一步拓宽了各选题的研究视野，同时也加深了相互之间的学术交流。

这个阶段的田野工作仍然在持续进行着，只不过由集体的考察转换为小组的或个人的考察。上官铁梁先生带领其团队先后七次对沁河流域的生态环境进行了系统考察；美术学院张明远教授带领其小组两赴沁河流域，对十座以上的庙宇壁画进行了细致考察；体育学院王金龙教授两次带领其小组到晋城市体育局、武术协会、老年体协、门球协会等单位和古城堡实地走访；政治与公共管理学院董江爱教授带领其小组到郭峪和皇城进行深度访谈；文学院卫才华教授三次带领多位学生赶去参加"太行书会"曲艺邀请赛，观看演出，实地采访鼓书艺人；历史文化学院周亚博士两次到晋城市图书馆、档案馆、博物馆搜集有关蚕桑业的资料；考古专业的年轻博士刘辉带领学生走进后则腰、东关村、韩洪村等瓷窑遗址；中国社会史研究中心人类学博士郭永平三次实地考察沁河流域民间信仰；文学院民俗学博士郭俊红三次实地考察成汤信仰；文学院方言研究教授史秀菊第一次带领学生前往沁河流域，即进行了20天的方言调查，第二次干脆将端氏镇76岁的土小能请到山西大学，进行了连续10天的语音词汇核实和民间文化语料的采集；直到2015年的11月份，摄影师麻林森还在沁河流域进行着实地实景的拍摄，如此等等，循环往复，从沁河流域到山西大学，从田野考察到文献理解，工作坊的同人们各自辛勤劳作，乐在其中。正所谓"知之者不如好之者，好之者不如乐之者"。

2015年5月初，山西人民出版社的同志开始参与"沁河风韵系列丛书"的有关讨论会，工作坊陆续邀请有关作者报告自己的写作进度，一面进行着有关书稿的学术讨论，一面逐渐完善丛书的结构和体例，完成了工作坊第三阶段"全体表达意见"的规定程序。

"沁河风韵学术工作坊"是一个集多学科专家学者于一体的学术研究团队，也是一个多学科交流融合的学术平台。按照山西大学现有的学院与研究所（中心）计，成员遍布文学院、历史文化学院、政治与公共管理学院、教育学院、体育学院、美术学院、环境与资源学院、中国社会史研究中心、城乡发展研究院、体育研究所、方言研究所等十几个单位。按照学科来计，包括文学、史学、政治、管理、教育、体育、美术、生态、旅游、民俗、方言、摄影、考古等十多个学科。有同人如此议论说，这可能是山西大学有史以来最大规模的、真正的一次学科交流与融合，应当在山西大学的校史上写上一笔。以我对山大校史的有限研究而言，这话并未言过其实。值得提到的是，工作坊同人之间的互相交流，不仅使大家取长补短，而且使青年学者的学术水平得以提升，他们就"沁河风韵"发表了重要的研究成果，甚至以此申请到国家社科基金的项目。

"沁河风韵学术工作坊"是一次文献研究与田野考察相结合的学术实践，是图书馆和校园里的知识分子走向田野与社会的一次身心体验，也可以说是我们服务社会，服务民众，脚踏实地，乐此不疲的亲尝亲试。粗略统计，自2014年7月29日"集体考察"以来，工作坊集体或分课题组对沁河流域170多个田野点进行了考察，累计有2000余人次参加了田野考察。

沁河流域那特有的风尚和韵致，那悠久而深厚的历史文化传统吸引着我们。奔腾向前的社会洪流，如火如荼的现实生活在召唤着我们。中华民族绵长的文化根基并不在我们蜗居的城市，而在那广阔无垠的城镇乡村。知识分子首先应该是文化先觉的认识者和实践者，知识的种子和花朵只有回落大地才有可能生根发芽，绚丽多彩。这就是"沁河风韵学术工作坊"同人们的一个共识，也是我们经此实践发出的心灵呼声。

"沁河风韵系列丛书"是集体合作的成果。虽然各书具体署名，"文责自负"，也难说都能达到最初设计的"兼具学术性与通俗性"的写作要求，但有一点是共同的，那就是每位作者都为此付出了艰辛的劳作，每一本书的成稿都得到了诸多方面的帮助：晋城市人民政府、沁水县人民政府、阳城县人民政府给予本次合作高度重视；我们特意聘请的六位地方专家田澍中、谢红俭、王扎根、王家胜、姚剑、乔欣，特别是王扎根和王家胜同志在田野考察和资料搜集方面提供了不厌其烦的帮助；田澍中、谢红俭、王家胜三位专家的三本著述，为本丛书增色不少；难以数计的提供口述、接受采访、填写问卷，甚至嘘寒问暖的沁河流域的单位和普通民众付出的辛劳；田同旭教授的学术指导；张俊峰、吴斗庆同志组织协调的辛勤工作；成书过程中参考引用的各位著述作者的基本工作；山西人民出版社对本丛书出版工作的大力支持，都是我们深以为谢的。

目　录

CONTENTS

一、沁河沁山

沁河湾

　　沁河是山西境内仅次于汾河的第二条河流，也是山西最为清美的河流。自其源头沁源县出发，沁河流经安泽、沁水、阳城三县，一路谷深流曲，两岸草木茵茵，再下切穿太行山，进入济源而达河南平原，滚滚东去的黄河在末端接纳了来自太行山间的沁河水。千里沁河，中游沁水、阳城段最为山清水秀。山则太行、王屋、中条，名山林立，美不胜收。沁河沁山孕育了沁河流域的早期文明，沁河流域的人民，在沁河沁山这个大舞台上，不断演绎着那世代相替的动人故事。

1. 沁河流域

　　我们时常把长江和黄河称作中华民族的母亲河，这两条母亲河均发源于青藏高原，东西走向，滚滚而来。在山西的地势图上，你看到的却是两条南北走向的河流——汾河和沁河，山西人也时常把这两条河流称作自己的母亲河。

　　是的，人们对山西风光的最初认识，大概莫过于山西籍歌唱家郭兰英的那首《人说山西好风光》里的几句歌词："左手一指太行山，右手一指是吕梁。站在那高处望上一望，你看那汾河的水呀，哗啦啦啦流过我的小村旁"。汾河自山西西部吕梁山脉的管涔山发源，曲折穿越吕梁山，至太原烈石口出山，一路南下注入黄河。沁河则发源于东部的太行山区，经沁源、安泽、沁水、阳城四县，经过太行峡谷进入河南平原，同样注入滚滚东去的黄河。

沁河是山西的第二条大河，也是山西的母亲河。

沁河两岸林木葱葱，绿草茵茵，流水、青山、巨石、沟壑、梯田、鸡犬、人家，都是旧时文人墨客入诗的绝好题材，也是风光秀丽的世外桃源。清人洪世佺路经沁河流域赴介休做官，留下了描摹沁水端氏樾山的诗作《沁河》，颇有沁河风韵的意境：

> 东方生春色，流光入河水。
> 我行荦确间，爱此林壑美。
> 青山破雾排，绿杨掠波起。
> 东西野人居，历历无远迩。
> 欲比桃花源，鸡犬长子孙。
> 樵歌与牧声，沿流上藤蔂。
> 何处一声钟，迢然涤心耳。
> 望望樾山门，河西白云里。

沁河王壁段

沁源县因沁河的源头而得名，沁河的源头在沁源县西北的二郎神沟。此地青崖壁立，峡谷涌翠。自沟底仰望，但见高高的崖壁上若有石门，穿石门而行数里，又见石崖两扇，天地豁然开朗。崖底东西两端，各有一泉，各有风景。东崖脚下一天然石洞幽深而莫测，俯耳侧听，犹若虎啸龙吟，轰然不绝；西崖脚下则处处石缝吐珠，水草茵茵，水流数米，忽又无影无踪，隐然不见，恰似浅水深流。再依山脚行走数十米，忽见平地出水，势若喷泉。

"沁源环邑皆山，沁水汇流，峰峦合拱"，沁河一路涌波翻浪，滚滚南下，两岸群山叠翠，牧草茵茵。古人以"沁水秋声"赞之誉之：

> 滔滔沁河不停留，一色同天节到秋。
> 银汉高连云漠漠，余风暗转韵幽幽。

民国版的《沁源县志》记载"沁水之源有六"，六条水源至交口村汇合而称沁河，"自是以南复收诸水，其流浸大"，直下安泽。沁河流经安泽县百里，沿途洪驿河、蔺河、李元河、第五河、义唐河、孔村河、王村河、泗河、兰河、石槽河、马璧河等十数条大小河流汇聚沁河。沿岸山峦叠起，深谷遍布。

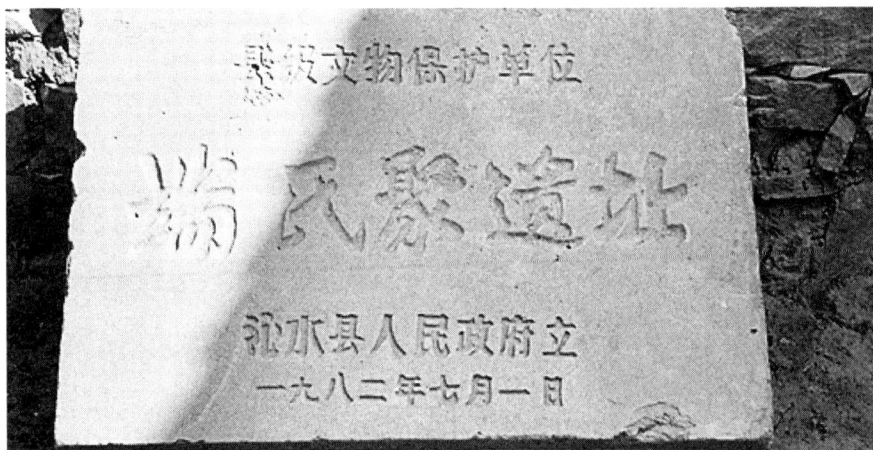

端氏聚遗址

沁源、安泽段是沁河的上游，沁水、阳城段就属于沁河的中游了。

沁河自沁水县东50里的大将村入沁水县，在沁水境内又有刘曲河、县河、林村河、海子河、梅河、潘河注入。

自大将村再往东南50余里，沁河流经端氏镇。自此地势渐缓，土地肥沃，气候温暖，水源充裕，是沁河中游农耕经济最为发达的地区。方志曰"端氏而下二十余里之间，民居稠密，人文蔚起，灵秀所钟，盖不偶也"。

这个端氏不仅是历史时期沁河流域历史最为悠久、声名最为盛大的古镇，而且是泽州五县的地理中心，自古为侯国国都、郡县首选之地。史载，韩、赵、魏三家分晋后，迁晋君于端氏聚（今沁水县西城村），直到汉代，端氏聚一直作为侯国国都，也一直是泽州地区的政治文化中心。隋开皇三年（583），端氏县治由西城村迁至端氏村（现端氏镇），直到元至元三年（1266），端氏县并入沁水县，这就是说，自西汉到元代的一千多年时间内，现在的端氏镇一直是沁水的县治所在。我曾走进昔日的端氏聚，也就是现在的西城村，随行的当地朋友告诉说，西城村如今只是一个十几户人家的小村落而已，历史的印迹已无影无踪。是的，岁月几千年，青史古人空。昔日的端氏聚何以寻访？清代泽州知府朱樟就曾寻访晋国子孙，写下了《端氏城怀古》的诗句：

言寻鹿路转林腰，深喜居民未寂寥。
百折溪泉收嫩堰，一犁寒雨立疏苗。
山遮岭北峰犹峻，水曝村南势渐骄。
城郭尸开分晋阳，教人何处问椒聊。

是的，端氏确是个好地方，山环水绕，田园美景，但三家分晋后已成废都，我们又到哪里去寻访晋君的后裔呢？然而，端氏真不愧为晋君的国都，而今的端氏镇仍是沁水县境内最大的村镇，当地居民的那种历史优越感一点不让于那些居住在沁水县城的市民，据说端氏的汽车站比县城的沁水汽车站还要大了一些。

现存的端氏古城通道

沁水县以沁水名县，开始于隋朝，端氏聚、端氏县、沁水县一脉相承，源源不断。现在的沁水县城距端氏镇西约百里。此地南北分别有杏水、梅水由西而来，畅流东去，所谓"梅溪左绕，杏水右环"。其山则东龙岗、西玉岭、南石楼、北碧峰，虽居深山偏邑，诚为灵秀之地。有人说沁水古城可能是山西境内面积最小的县城，俗有"东门跌倒，西门拾帽"之嘲。城内只有东、西、北三街，而无南街，南即状若层楼的石楼山。小巧精致，"孤城如斗"，然四山环拥，两水相抱，当地人颇以其形胜风水而自豪，光绪《沁水县志》称其"支分太行之秀，气联王屋之气。龟蛇呈祥，金水结聚，群山环拱，众壑潆洄，地险出于天成，胜概收其精气"，诚为一县镇压之地。

沁河自沁水的武安进入阳城县东北之屯城，向南流经润城、白桑、东冶、北留等乡镇，沿途又有南大河、芦苇河、涧河等河注入。

沁河中游的另一个县是阳城县。其县治最早在今县城西12公里处的泽城村北，秦汉置濩泽县。沁水县以沁河而得名，阳城县则以濩泽而得名，都与水有不解之缘。北魏移濩泽县治于今阳城县城，唐代易名阳城县。全城地势东南低而西北高，犹若一凤昂首长鸣，东西长而南北窄，恰似凤凰展翅欲飞，时人雅称凤凰城。

沁水的县城和阳城的县城各具特色。沁水县城坐落在一条河槽的旁边，阳城的县城却坐落在一座山头上。阳城的城墙犹如一条圆形丝带一样，将这个山上的县城拦腰合围，城外是平地，城内的房屋街道差不多与城墙一样高齐，站在城外看城，阳城县城一目了然。

沁水县城夜景

阳城城墙

　　沁河流域中游在沁水、阳城境内水源充足，渐入佳境，旧时沿河居民往来相通，多在水流浅缓处设置渡口。冬春架设便桥，夏秋拆桥行船。至新中国成立前，仅沁水县就仍有大将、王壁、石室、郎壁、郑庄、南大、中乡、上韩王、下韩王、樊庄、坪上、窦庄、郭壁、长畛、刘庄、殷庄、嘉峰、武安等处设有渡口。清人王徽有《沁渡秋风》诗云：

沁河鸟

　　沁水河边古渡头，
　　往来不断送行舟。
　　垂杨两岸微风动，
　　数点眠沙起白鸥。

渡口、行舟、垂杨、白鸥，沁河的风光是那样的如诗如画，美不胜收，甚至江南人士也不惜笔墨发出赞叹。清代康熙年间曾做过阳城知县的安徽潇县项龙章，就曾写有《沁渡扁舟》之散曲《南乡子》二首，曲云：

> 水绿涨山根，沙岸千家薛荔村。
> 断桥茅屋东西路，纷纷，野航恰受两三人。

> 夕阳如深林，雨过山城见月新。
> 残阳古道啼乌起，阴阴，野渡无人舟自横。

唐代著名诗人韦应物，曾在安徽滁州刺史任上状描《滁州西涧》，留下了"春潮带雨晚来急，野渡无人舟自横"的名句，这位安徽籍的阳城知县又将诗句移入散曲，难道沁河的风光真可与江南一比？

沁河流域的中上游地区支流甚多，大小河流纷然汇聚沁河，然崇山峻岭、沟壑纵横，"有水无利"，实在是望水兴叹。光绪年间《沁水县志》载"谕云"：沁水东南地区与凤台和高平接壤，西北与垣曲、翼城接壤，毗邻各县大都土地肥沃，唯独这个小地方，处于崇山峻岭间，"曾无数百亩田平如案者"，更何论肥沃富饶！"虽河水支流左萦右拂，然地形高者，难受灌溉之功，地势卑者，反受冲淤之害。"

雍正《泽州府志》也有此类感叹：

> 沁自沁源入沁水县，过阳城，历凤台，凡三城邑。左丹右沁，盛夏泉流，而泽之境曾不得留勺陂以润旱暵。计所过之地亦广矣，宁无潴蓄之区少为渊涵乎？罌杯平壤，每致横决，受二水之利而亦苦二水之害。如上流即次分播，祛一害而收两利焉，殊万世之泽也。

是的，沁河孕育了古老的文明，也给沿岸带来了欢乐，但那崇山峻岭、沟壑纵横的地势，却使水利与农耕分离。地势高者难受灌溉之利，地势卑者反受冲淤之害。在沁水、阳城两县的地方文献中，我们很难找到关于沁河水利的描述，却有很多沁河及山洪暴发带来的水灾让人触目惊心。据清代以来较为详细的记载，沁水、阳城境内的沁河、梅河、杏河、玉溪河、芦苇河、南大河等水系均发生过较大的水灾。

"浪及中州勤灌溉，单叫邻省屡丰收。"如果说，沁河的中上游地区因为崇山峻岭而未得沁水灌溉之利，那么，沁河穿越太行山之后，却给下游的中州平原带来了肥沃的土地和丰收的年景。沁河自阳城县南部冲入河南济源，济源的五龙镇是滔滔沁河出太行后冲出的第一块肥沃地带。秦汉开始，沁河下游的民人即"隔山取水"，开凿五条大渠导引沁河水灌溉良田，五条大渠犹如五条横亘在中州大地的卧龙，五龙口由此而得名。济源而下，沁河又经沁阳、博爱、温县各县，于武陟县西营附近注入滚滚东去的黄河。各处时和岁稔，无不收沁河灌溉之利。

沁河是美丽的，沁河也是无私的。

张峰水库

岁月如常，世事如流。如今，沁河中上游地区已经出现了一些自流灌区或扬水灌区，甚至像张峰水库那样的大型水利设施。在山西"大水网"

的建设工程中，沁河水将被引进汾河水系，山西最大的两条河流将实现汇流，沁河丰厚的水资源将进一步惠及沁河两岸、中上游地区，甚至更遥远的晋南地区也会有更多的村镇受到沁河水的滋润，这是一个千古之变！

2. 名山林立

沁河流域名山林立，山山相连，在数不清的大小山脉中，最容易使人想到的应该是毛泽东在《愚公移山》中提到的太行山和王屋山。

抗日战争胜利前夕，毛泽东在中国共产党第七次全国代表大会上致闭幕词，将太行山和王屋山比作帝国主义和封建主义这"两座压在中国人民头上的大山"，以"愚公移山"的古代寓言，号召人民"挖掉这两座山"。

中国古代有个寓言，叫作"愚公移山"。说的是古代有一位老人，住在华北，名叫北山愚公。他的家门南面有两座大山挡住他家的出路，一座叫作太行山，一座叫作王屋山。愚公下决心率领他的儿子们要用锄头挖去这两座大山。有个老头子名叫智叟的看了发笑，说是你们这样干未免太愚蠢了，你们父子数人要挖掉这样两座大山是完全不可能的。愚公回答说，我死了以后有我的儿子，儿子死了，又有孙子，子子孙孙是没有穷尽的。这两座山虽然很高，却是不会再增高了，挖一点就会少一点，为什么挖不平呢？愚公批驳了智叟的错误思想，毫不动摇，每天挖山不止。这件事感动了上帝，他就派了两个神仙下凡，把两座山背走了。

太行山和王屋山的交界处即在沁河流域南部，越过这两座大山，就是河南平原了。愚公家的南面就是这两座大山，难道愚公当年就住在沁河流域？

其实，沁河流域是不乏名山的。山之有名，不在于它的高耸挺拔、逶迤延绵，尤在于它蕴含的那浓厚的文化和优美的故事。沁河流域的名山既不乏优美的风景，更不乏人们耳熟能详的故事。

沁河流域最有名的一座山是历山。历山不仅以其"舜耕历山"的传说而闻名遐迩，而且以其奇特的自然风光吸引着人们的眼球。《史记·五帝本纪》云："舜耕历山，历山之人皆让畔；渔雷泽，雷泽之人皆让居；陶河滨，河滨器者不苦窳。"这几句话的意思是说，舜帝到历山耕种，历山当地的居民让出河畔土地让他耕作；他到雷泽捕鱼，雷泽的居民让出房屋请他居住；他在河滨制作陶器，那里的陶器没有粗制滥造的。历山位居今沁水、阳城、翼城、垣曲四县交界处；雷泽即濩泽，阳城的古称就叫濩泽侯国；沁水的杏峪又有可陶河村，制作陶器为沁河流域的传统产业；古时的传说与自然的安排就是如此的契合，历史就是如此的延绵不断。

历山风光

历山的主峰叫舜王坪，海拔2358米，是山西南部山脉的最高峰。站在舜王坪的最高处，极目可观日出，遥望可见黄河，所谓"黄河遥入望，天际一虹霓"。舜王坪又是一个四千多亩的天然牧场，春暖花开之际，山花烂漫，绚丽芳菲。坪上有一条南北长千米以上的不深的沟壑，因为常年寸草不生，显得格外悠长而夺人眼目，那便是传说中舜王躬耕之地——"舜王犁沟"。走到犁沟的尽头，面前就是舜王庙。庙虽不大，却正处舜王坪中央的高地；始建年代虽不详，却透露着乡民对舜帝的无限崇拜。

历山山顶是一片亚高山草甸，地势平坦，绿草如茵，据说生长在舜王坪上的花草有数千种之多。而历山的四周却是奇峰耸立，峭壁重叠。东西两边天然的两个大峡谷，把历山装扮得更加婀娜多姿。

历山舜王坪

历山舜王庙

女英峡

　　东峡传说为舜耕历山时劈山而成，峡谷长6.5公里，宽约20米。西峡长5公里，最宽处有50米。密林、奇松、红叶、飞瀑、小溪、清泉、平湖、悬崖、峭壁、怪石美不胜收，仿佛大自然把一切最美的景物都集中到了这里。

　　正是由于舜王坪特殊的地理位置，加之山高林密，松柏耸立，物产丰富，历史时期常有不法之徒冒禁卖山卖林，盗伐松柏，并因利益纷争引起地界相争。清光绪年间，垣曲、翼城、沁水《三县重修舜帝庙碑记》载："迩来狂徒卖山，奸商伐木。三邑士民，集众共议。严禁炉厂，立止斧斤。山川由是而生色，草木亦为之增荣。于是捐资募化，恢扩圣庙。"

　　此次三县重修舜庙，正是源于长期以来的地界纷争。史载至迟从清康熙年间始，三县即有对舜王坪地界的论争，光绪初年纷争再起，沁水和垣曲的官司一直打到省府，其中还发生了一个让人啼笑皆非的故事。原来，官司打到省府调解争论不下的情况下，省府特派太原知县薛之钊代理垣曲知县，而原垣曲知县周永怀则被直接改任沁水知县，经过这样一个知县的"调包"，周永怀由垣曲知县变为沁水知县。就像现今流行的那句俗话一样，屁股决定脑袋，周永怀原本要维护垣曲在历山的地界利益，调任沁水知县后，又极力维护起沁水的利益，平息此次历山地界之争想不到如此简单了许多。最终，在薛之钊的主持下，三县共同商议确定历山分界协议，并按所占地界多寡，分摊经费，共同维修舜王坪之舜庙，立碑昭示，以杜讼争。

　　如果说历山是沁水县境内的名山，那么阳城县境内最有名的山便是析城山。

　　析城山位于阳城县西南30公里处，方圆20平方公里，主峰海拔1888米，地处吕梁太行断坡与豫皖断坡的交接地带。此地西望黄河三门，东挽王屋太行，拔地起于中原，横亘大河北岸。史载商汤"祷于桑林"，而桑林水则导源于析城山之东麓，相传析城山即是当年汤王祈雨处。

　　析城山属典型的喀斯特地貌，坪上遍布大大小小的石灰岩溶漏斗，好似数不清的窝，数不清的穴，民间有"72个独龙窝、124个鬼推磨、360个小铁锅"之说。

　　析城山和历山一样有高山草甸，山顶广阔的草坪叫圣王坪，也是一个天然大牧场。春夏之际，一样绿草如茵，野花烂漫。周边幽谷怀抱，林木茂密，内有木本植物350余种。由于气候属于副热带与暖温带过渡带，所以析城山周围植被既有副热带植物的种类，又有暖温带植物的大多物种。据说，析城山是山西省动植物种类和数量最多的地区。

　　就像历山的舜王庙位于舜王坪的中部一样，析城山的成汤庙也位于圣王坪的中央。历山的舜王庙规制不大，析城山的成汤庙却很是恢宏。此庙建筑年代已不可考，但至迟也在北宋时期。现存清代建筑既有正殿五间，左右角殿各三间。正殿对面有面阔三间的戏台，台下为山门，左右为上下两层的耳房。

圣王坪最著名的娘娘池就在成汤庙的南边不远处，传说是汤王妃子沐浴的地方，池有1000多平方米，终年不涸，且水量少有变化。遍布池周围的龙须草，传说是汤王焚身祷雨烧落的胡须神草；俏丽悦目的胭粉花，传说就是那王妃痛苦冲落的胭脂神花。"万斛胭脂种作田，灵花开放碧峰巅。人间未许窥颜色，时有香风落九天"。多么美丽动人的传说，多么绚丽多彩的景色！

析城山山势雄伟，四面如城，不仅风景秀丽，而且遗址很多。娘娘池东面，有传说中汤王歇息的长乐亭；长乐亭旁，有近似西湖石的石林；娘娘池南边，是汤王祷雨的神坛遗址；神坛的东面，有一八角井遗址；东南面则有石灰岩溶洞，名曰黑龙洞；北门的东面有汤妃的梳妆楼；东门西边不远处有烽火台遗址；西门北边有道士墓群；南门外往东，有斩龙台、斩龙柱、妖精洞、天井、仙人桥等景观。

圣王坪

娘娘池

阳城东南40里处的桑林乡，有"黄土高原小桂林"的蟒河风景区，这就是阳城旧县志里的八景之一——"望莽孤峰"。清人杨伯朋对此赞曰：

> 峻嶒卓立耸孤峰，莽莽苍苍望远踪。
> 绝顶应知红日近，高寒时有碧云春。
> 回环丛树如孙子，罗列群山俨敬恭。
> 雨后遥看何所似，凌空涌出玉芙蓉。

蟒河的山水似桂林，其实一点也不夸张。指柱山、窟窿山、棋盘山、二指峰、飞来峰、猴头山、孔雀山、白云洞、黑龙洞、仙果洞、石人桩、连山河，处处山清水秀，每每奇石幽洞。

蟒河风景区又有山清水秀、空气宜人的自然环境。这里植被茂密，森林覆盖率在70%以上，植物种类达800余种之多，尤其是那漫山遍野攀缘撒野的一群群猕猴，为空旷的山野带来无限乐趣。炎热的大暑天，我们曾在蟒河风景区的小山村过夜，爽朗的夜色、清新的空气、山间的石路、远处的犬吠，一切让人感到那样的心旷神怡。

沁河流域自然条件的最大特征就是多山多水，除了历山、析城山外，沁水境内有坞岭、碧峰山、石楼山、夫妻岭、鹿台山、樯山、嵬山、文笔山、雕黄岭、宇峻山、空仓岭、岳城山等，阳城境内有云蒙山、小尖山、鳌背山、大乐岭、风山岭、崦山，等等。山山相连，岭岭相接，峰峦交错，碧色辉映，真叫个"乱山重叠似楼台"，"分明一幅画图来"。

3.太行深处有人家

地处太行山区的沁水流域，众山林立，深谷遍布，流域内除河水沿岸有较大村庄外，众多的散村就像漫天的星星散落在太行深处。

打开沁水、阳城的行政图，或者查一查两县的地名志，我们可以从散村的村名窥其特征。大体而言，村名以山、沟、坡、岭、梁、凹、湾、坪、圪垯、圪堆、圪梁、圪咀、峪、窑、腰为多,约占全部自然村总数的25%。其余有以姓氏、河水、泉水、工矿、寺庙、动物、植物、商事命名者。据20世纪80年代地名普查统计,沁水县自然村共2322个,阳城县2661个。一般而言,深山老林,交通不便的山区散村数量更多。阳城县的横河乡,向来为该县贫困山区之一,此地南部、西部以鳌背山、云蒙山与垣曲县、济源市交接,东部以析城山、西北部以小尖山与邻乡接壤。山大沟深,气候高寒,自然村计有近300个,最多的劝头行政村含散村46个;沁水县王必乡之杨家河自然村,含45个散村。太行深处有人家,三五户,数十口的小山村在太行山区、沁河两岸真是星罗棋布,漫山遍野。

历山下川人家

　　沁河流域散村众多的主要原因在于其山高沟深、交通阻塞的地理环境。"北上何所苦?北上缘太行"。历代官宦将士、文人墨客对太行山之行路难有过极尽慨叹的描述,《苦寒行》(曹操)、《登太行》(唐玄宗)、《北上行》(李白)、《初入太行路》(白居易)、《上盘谷》(韩愈)、《重经车辋谷》(司马光)、《羊肠阪》(元好问),等等,留下了无数前人对太行山区的状描和感触:"北上太行山,艰哉何巍巍。

沁水人家

羊肠阪诘屈，车轮为之摧。树木何萧瑟，北风声正悲"；"野老茅为室，樵人薜作裳"；"汲水涧谷阻，采薪垄坂长"；"石露山木焦，麟穷水泉涸"；"马蹄冻且滑，羊肠不可上"；"上无树可援，下有乱石蹙。一步一嗟吁，何以措手足。途人互相顾，屡见车折轴"。太行山的羊肠小道不知折断了多少车轴，也不知留下了多少感慨万千的诗句。如今，一般的公路，甚至是高速公路早已替代了昔日令人生畏的羊肠小道，然而，山间的羊肠小道仍然承载着沁水流域悠久而厚重的历史车轮。

历史时期以来，外来移民的不断加入也是沁河流域散村众多的一个重要因素。大体而言，沁河流域历史上出现过三次移民浪潮：一是明代以前不断南下的北方移民浪潮。明以前的中国历史，是北方少数民族不断南下中原，汉族与少数民族不断融合的历史。沁河流域"沙尘接幽州，烽火连朔风"，在古代少数民族不断南下的浪潮冲击下，成为接受各路移民的重要地区之一，也是北部草原文化和中原文化的交汇地区之一。二是明清以来的洪洞大槐树移民，明初从高平等地通过洪洞向沁水流域的移民，确切的移民数量虽难以估计，但从许多村名的由来和传说中仍可以窥见大槐树移民的痕迹。三是灾害期间，尤其是河南、山东水灾之后，沁水流域接受了数量不小的北上灾民。

石碾

历史时期，沁河流域是一个不断接受外来移民的地区，也是一个山高水深、生活艰苦的地区。

明人于谦曾亲临沁水县，写下了《道经沁水悯农》一首，道尽当时沁河流域农人的贫困与艰辛：

> 无雨农怨嗟，有雨农辛苦。
> 老夫出门荷犁锄，村妇看家事缝补。
> 可怜小女年十余，赤脚蓬头衣褴褛。
> 提筐朝出暮时归，青菜挑来半沾土。
> 茅檐风急火难炊，旋热山柴带根煮。
> 夜归夫妇聊充饥，食罢相看泪如雨。
> 泪如雨，将奈何。
> 有口难诉辛苦多，嗟尔县官当抚摩。

于谦这里描述的是沁河流域的一般情况。无雨干旱农叹，有雨洪水成灾，纵使男耕女织，辛劳终年，依然是"夜归夫妇聊充饥"的贫困生活。尤其那可怜的十余岁"小女"，赤脚蓬头，衣衫褴褛，早出晚归，"青菜挑来半沾土"，实在令人唏嘘不已，进而发出"嗟尔县官当抚摩"的感叹。另一位曾巡按山西的江浙人士徐贲，也曾有幸来到沁河流域，体会了"俭业当自省"的道理。徐贲《沁水县》诗云：

> 一水随山根，宛转流出迥。
> 滩声绕县门，孤城数家静。
> 风土殊可怪，十人五生瘿。
> 土屋响牛铎，壁满残日影。
> 行迟欲问宿，连户皆莫肯。
> 亭长独见留，半榻亦多幸。
> 呼童此晚炊，粝饭谷带颖。

> 野簌不可得，敢望肉与饼？
>
> 途行乃至此，俭业当自省。

徐贲此诗说的是，太行山深处的沁水县城是一座规模不大，人数不多的"孤城"，这里的"风土殊可怪"，竟然有一半人患有"粗脖子"的地方病。人与牛共处一室，行人过路问宿，没有乡民愿意留宿，多人共挤在一个土

沁水人家的面食饸饹

炕上，就已经是很幸运的事了。吃的是带壳的粗糙粝饭，哪敢奢望什么肉和饼之类。这位江南人士也许从没有涉足如此贫困的北方山区，难怪体验过后，则有"俭业当自省"的内心感慨！

"远上寒山石径斜，白云深处有人家"。我将唐代著名诗人杜牧这句名诗移入沁河流域，移入太行山间，叫作"太行深处有人家"。你看吧，林深草密的太行山间，沿着蜿蜒崎岖的小石路拾步前行，那炊烟袅袅，鸡鸣犬吠的小山村就在山间，石屋、石墙、小院、桑树、微风、夕阳，好一派如诗如画的山野风光。清代沁水籍诗人王冲有一首《沁水道中》，与杜牧之那首《山行》诗的意境颇为契合：

> 石径绕寒山，秋风在溪水。
>
> 前村几处烟，没入朝云里。

太行巍巍，沁水滔滔，山川依旧，时代向前。如今的太行山间小山村，早已脱旧换新，但那时代的痕迹依然可寻，也许我们可以沿着山间的

公路到那里体会一下城里难以见到的"农家乐"，又或许找到几个老农谈谈过往的景色和故事吧。

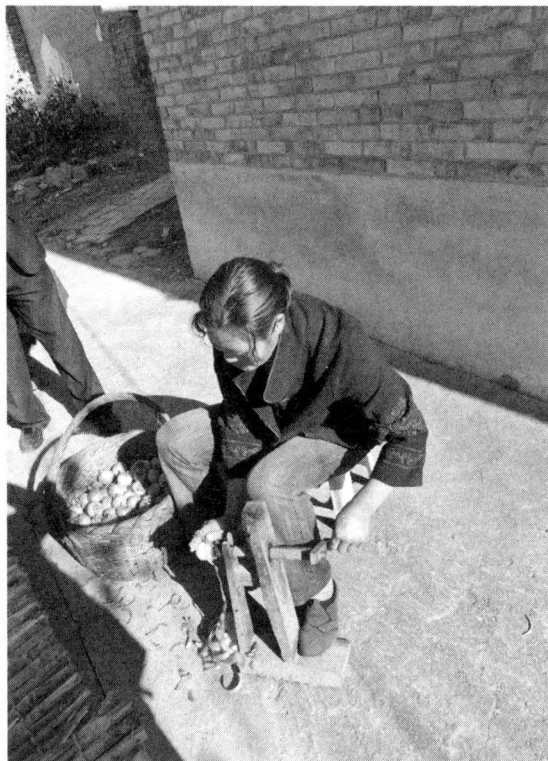

切柿饼的妇女

二、"北方城堡"

湘峪古堡

信步游走在沁河流域，最令人震撼的莫过于那一座座耀眼的"北方城堡"。其实，城堡在沁河流域是有连贯历史的，长平之战的箭戈，忠义军抗金的硝烟，明清之际的烽火造就了沁河两岸的城堡，也连接了沁河两岸的历史。人们没有想到的是，昔日战火纷飞中造就的城堡，数百年后却成为沁河流域一道靓丽的风景。历史有残酷的一面，也有其美好的一面。

1. 战国古堡

提及城堡，人们首先会想到的便是中世纪欧洲的城堡。其实泛化一点来看，中国古代也早有不同规模和造型的城堡。沁河流域就有不同时期的城堡遗存，也有其深厚的城堡文化。

汉字的"堡"，由"保"和"土"组成。由此，我们可以说，堡就是土筑的、用来防御保家的聚落或居住地。这里讲的城堡之"城"，其实也不是我们今天理解的城市，古代中国人观念里的"城"，其实也不过是人类的居住地而已。如果我们不计像下川遗址那样更早的人类居住地的话，沁河流域的城堡至迟在春秋战国时代既已出现，而且其最初的主要功能就是为了防御抵抗，保护家园。

中国历史上著名的秦赵"长平之战"，是沁河流域古城堡出现的大背景。

春秋末年，韩、赵、魏三家分晋，拉开了诸侯纷争兼并的战国大幕。战国七雄中，齐、楚、燕、韩、赵、魏、秦，山西境内就有韩、赵、魏三雄。战国后期，统一成为大趋势，而具有统一实力的唯有秦、赵两国。为争夺具有战略意义的韩属上党地区，秦、赵两国之间爆发了激烈的长平之战。

韩、魏与秦地形交错，本来就是秦国向东扩张的首要目标。秦昭王时期，采纳魏人"远交近攻"的策略，开始大举进攻韩之上党地区。公元前262年，上党郡守冯亭，为联赵抗秦，将上党17县献给赵国，秦昭王大怒之下，派大将王龁攻打上党。上党赵军退守长平（今高平西北），秦国百万大军屯集沁河两岸，与赵军展开持续三年的大战。

先是，赵王派廉颇率大军增援，赵军连连失利。鉴于敌强我弱的军事实力，廉颇筑垒固守，坚壁不出，而赵王急于求成，不满廉颇的拒不出战，反而听信秦的反间计，任用赵括替代廉颇为将。善于纸上谈兵的赵括一反战略防御的方针，对秦军发起全线的进攻。秦将白起却针对赵括高傲轻敌的弱点，佯败撤退，切断赵军的退路与后援。赵军在粮尽援绝的状态下被围近50天，赵括率军突围，不幸中箭身亡，40多万赵军全部缴械投降，并被坑杀致死。

长平之战是中国历史上最为残酷的战争之一，白起坑杀40万赵军的史实成为一个千古之恨，当年战争遗留下来的各种兵器，如剑、戈、箭头等，千百年后依然可以寻见，甚至农人整田犁地的日常生产中也会不时发现。明人刘基曾作《长平戈头歌》曰："长平战骨烟尘飘，岁月遗戈金不销。野人耕地初拾得，土中渍出珊瑚色。"一派烟消云不散的悲叹之气！

剑、戈、箭头是历史遗痕，砖土筑成的城堡也是一种历史遗存。在沁水县的地名中，马邑、马踏营、武安、屯城、王离城，等等，都与长平之战相关联，也是当年秦兵集集或加固过的城堡。

沁水城东有马邑村，光绪《沁水县志》即将此称作"马邑城"，记为"白起牧马处"。马邑村村西有一高岗，白起筑城于上，就是这里说的马

邑城。后世马邑城废，乡民在土岗上建庙刻碑，以示不忘。清人洪世佺有
《马邑城》诗，语极惆怅：

> 骅骝已逝波，雉堞亦浮云。
> 何人此考牧，游牝别其群。
> 父老为余言，秦时武安君。
> 呜呼虎狼秦，纵横事并吞。
> 谁为之傅翼，长平坑赵军。
> 至今天阴时，往往哭冤魂。
> 地非华山阳，兹名岂可存。
> 语罢色惆怅，飞鼠鸣古原。

马邑城东南百余里处又有马踏营，康熙《沁水县志》记云："马踏
营，今在马家坪，在李庄村北，俗传白起阅马处。"

阳城、沁水交界处的武安村，也因白起屯兵而得名，白起即武安君
也。相传，白起在武安村北修有堡寨，背靠峭壁，面临沁河，寨壁高筑，
且有地道将村寨相连。至今，武安村仍以赵姓居民最多，或许他们就是长
平之战赵卒的后裔吧。

沁水县今有王必村，原名王离村。相传为秦将王离屯兵之地。村北一
高台名登王岭，曾发现地下陶制水管和战国箭头。诗有"据险筑城垒，当

武安街道

武安石牌坊

此山嶙峋。四壁真如削,百雉旁无怜。"

明清以来,仕宦文人留下了许多对长平之战怀古伤感的史诗。明弘治年间进士李梦阳,因反对宦官刘瑾,被谪山西布政使。刘瑾败后,李又曾贬官山西,或许是因为李梦阳仕途坎坷,他就马邑、王离、武安均有"见此重凄怆"的悲愤诗句。且看李梦阳这首《武安城》:

孤城突如块,据山瞰流水。
谁能经营之,无乃秦白起。
东北连长平,遥遥数十里。
想是击赵时,卜此御旌垒。
鸣鼓受降旗,一坑万人死。
耀武恣暴君,贪功泣冤鬼。
白骨蔽丘原,霜风惨阴晦。
晋爵食武安,声名播青史。
迄今千百年,此城名尚尔。
先王重民命,师行非得己。
何以纳来降,屠戮此蝼蚁。
坐驱文武民。尽入虎狼齿。
春秋诛乱臣,功罪不相拟。
善战服上刑,闻诸孟夫子。

2. 宋金忠义砦

"砦"字在汉语中的解释是防御用的栅栏、营垒。"砦"又同"寨"。也许这类的寨子常常在山区出现,山寨联用就成为一种惯习。

古代中国北方地区用于防御的"砦"很多,以此命名的村庄也很多,全国著名的山西省昔阳县大寨村,至迟在20世纪60年代仍然沿用"砦"以为村名,笔者看到一则早期有关陈永贵事迹的报道,是1963年8月3日的《人民日报》，此日第五版整版仅此一个报道，题目是《在农村阵地上——记昔阳大寨公社大寨大队党支部和支部书记陈永贵》。

话说沁河流域历史上也有许多以"砦"命名的村庄，只不过如今变"砦"为"寨"了。《宋史·宗泽传》有"今河东西不从敌国而保山砦者，不知其几"的说法，也许就包含有位于黄河东岸沁河流域的山砦。光绪版《沁水县志·方舆》有以下记载：

> 忠义社砦子，凡七处。宋绍兴间，金人犯顺，土人筑砦据之，且以待岳飞之兵，故又名岳将军砦。一即丹坪砦，在白华村东，四围壁立，绝顶平坦。一在南阳村，一在汉封村北，一在板桥村西南，一在尖山峰下，一在端氏东北，一在县治西，其遗址犹有存者。

> 南阳，在县南五十里。宋岳飞使其将梁兴，会两河忠义，败金人以沁水，即此地也。

光绪《山西通志》中也有记载云：

> 宋岳飞遣梁兴渡河，纠合忠义，取河东北州县。兴会太行忠义及两河豪杰赵云、李晋、董荣、牛显、张裕等，破金人于垣曲，又捷沁水，追至孟州，取怀、卫二州，大破兀术军。

从地图上看去，《沁水县志》所记七处"忠义社砦子"，自西南的端氏，到东南的南阳，至光绪年间仍有七处遗址，可以设想宋金之际可能会更多一些。明末沁水张道濬《游丹坪山记》文中言道："相传宋岳忠武进次朱仙镇，河北所结义寨三十有七之一，今废城尚在。"至于《山西通志》里谈到的"岳飞遣梁兴渡河"之事也与正史《宋史·岳飞传》记载的史实相互契合。《宋史·岳飞传》载，绍兴六年（1136）"太行忠义社梁兴等百余人，慕正义，率众来归"，十一年（1141）"会太行忠义及两河豪杰等，累战皆捷，中原大震"。

光绪《沁水县志》中专记南阳为梁兴打败金人之地，史称南阳之战，明代既有杨子器（时任高平知县）《岳将军砦》诗赞之："太行忠义奋如云，人血淋漓染战裙。一战南阳余孽扫，梁兴本是岳将军。"说的是，岳飞派将军梁兴渡河而来，太行忠义社农民义军奋起响应，在南阳一带与金人展开殊死之战，血染战裙，一扫余孽。南阳之战是宋金对峙之际一场相当重要的战役，此后，金兵在垣曲、沁水一带的战争中连连失利，无奈中顺着南阳河谷向南逃去，梁兴率兵穷追不舍，又在中原地区大败金兵，接连收复孟州、济源、怀庆、卫州等河南州县。

沁水丹坪砦遗址

忠义社砦中又以丹坪砦最为有名。丹坪砦位于历山脚下南阳、白华一带，相传此地为神仙炼丹之地，山顶平坦有地，"可耕者三千亩"，进可攻而退可守，据险筑寨，实为要地。宋金之际以丹坪砦为重地的太行忠义，以及与此相联的岳飞北伐，不仅触发了众多的感慨和敬仰，而且激发了民众无限的寄托。清代泽州知府朱樟专程凭吊丹坪砦，记丹坪砦"砦上顶香盆储粮草以待岳侯，砦上有残灶二"，沁河流域民众备粮置灶，等待岳家军到来，收复中原，怎奈岳将军却被十二道金牌召回还朝，被害于杭

沁水丹坪砦远眺图

州风波亭，留下千古之恨，正是"丹坪水冷白华凋，烟痕流尽英雄泪"。

研究表明，宋金之际的忠义社砦，除了丹坪砦等《沁水县志》所列七处外，尚有今沁水的土沃、梁山，阳城县境内的忠寨、义城、荆底，以及晋城境内的碗子城、焦赞城、孟良寨等。

孟繁仁先生认为，真正的"梁山"在山西而非山东，山东梁山县境内的"梁山"，只不过是一个方圆面积几平方公里的小山丘，这里的自然条件与《水浒传》中描写的"水泊梁山"的开阔、雄伟气象不符，太行山上阳城境内的义城村才是真正的梁山。

义城村位于阳城县以北20余里，北凭梁山，前临芦苇河，此河河身宽阔，是一个名副其实的"芦苇荡"。村西是十数丈高的悬崖，村东是深邃的山谷，背后是延绵数十里的山梁，山梁一直向北延伸，与远处山峦连成一片，因此而得名"梁山"。此处地势险要，形势辽阔，"与《水浒传》描写的八百里'水泊梁山'的壮观景色毫无二致"。

"宋江庙"遗址的发现，是孟繁仁先生断定宋江"到太行山落草为寇"的又一佐证。与义城村遥遥相对的台头乡石臼村，位于阳城县南20余里。此地山大沟深，著名的摩天岭从东南延伸至宋江庙，庙的遗址在距离摩天岭以东不足一里的神泉山山顶，山顶面积约六七百平方公里，山势平缓，地形开阔。庙院台基尚存，残破的石狮、琉璃瓦当随地可见。据老乡介绍，宋江庙为坐北朝南的五进院落，自南而北依次为牌坊、山门、戏台院、宋江庙院、后院。宋江大殿内祭宋江及手下三十六人泥塑，殿前有献殿三间，献殿台阶两侧有高达六尺的大石狮一对（20世纪80年代移至阳城县博物馆门前）。另外，每年清明节民间举行规模盛大的"神泉山庙会"，方圆90里范围的村民进行热闹空前的迎神赛社活动。在长达四五天的庙会活动中，均有戏班演出，"三打祝家庄"等队戏必不可少，"梁山好汉"形象的装扮队伍，浩浩荡荡，载歌载舞，恰似各路好汉汇聚宋江庙。

无独有偶，对沁水历史颇有研究的田同旭先生，以舜王坪之下有梁山村，梁山村多卢姓，梁山好汉接受招安后，继而受招进入山西平田虎等事，认为"梁山好汉也确实到过山西沁水"。

太行忠义砦不知留下了多少豪杰的故事，也不知留下了多少文人墨客的遗痕。清雍正年间，朱樟出任泽州知府，曾专程凭吊岳将军砦，写下了《过太行忠义砦，寻岳武穆故垒，用查初白〈朱仙镇〉韵》之长诗：

燕径南垂赵北际，叠嶂层峦供拭眦。
忍见青城二帝行，排击两河纠善类。
星分砦栅棋布营，太行之社称忠义。
喊山遥应岳家军，不比当年奋螳臂。
雪耻嗤还朽木蘗，顶思剩此香盆地。
沁水城西土岊然，短垣屈曲长蛇势。
戴天不复父兄仇，摩垒空谈宣靖事。
义旗络绎号令行，传檄中原定何易。
徒令居士梦华胥，南渡偏安拥虚器。
我来览古吊豪杰，私茫未测皇天意。
谁去一桧贼中来，沦丧两京主和议。
蛾眉私语误东窗，银瓶井底冤三字。

丹坪水冷白华涧，烟痕流尽英雄泪。

守门石烂於菟蹲，减灶灰寒墙角弃。

山前不见岳侯祠，雪洒孤松滴寒翠。

阅尽沧桑又几年，斫地悲歌吐英气。

往事近千年。当年岳将军联合太行忠义军抗金的硝烟早已在天空散去，忠义社砦的遗址却留下了他们血染疆场的痕迹；梁山好汉北上征辽的悲壮史诗虽已远去，宋江庙的那对大石狮子却在不断演绎着英雄的故事。

3. 明末城堡

明代末年，沁河两岸又出现了成批的城堡，而这批城堡的出现又是由明末农民起义的刀枪促成的。如今，自沁水端氏镇沿河而下，直到阳城县境内，我们可以看到的城堡式村落，就是在这个时期因村成堡的。

明末农民起义的烽火是从陕西开始燃烧起来的，而为人熟知的农民领袖是高迎祥、李自成、张献忠等人。殊不知，高、李、张均为另一个更早起义的农民领袖王嘉胤属下，正是这个王嘉胤率领农民军首先进入沁水流域。

王嘉胤本为陕西府谷人，曾身为兵士戍边，后逃亡回到家乡。崇祯元年（1628），因灾荒乏食，在当地率众揭竿而起，拉开了明末农民起义的序幕，高迎祥等部蜂拥而至，主动遵从，一时烽火燃遍陕西，并迅速蔓延到晋、宁、甘三省。光绪《沁水县志》载："崇祯三年，流贼王嘉允（胤）率众六千余人犯窦庄"。

这个窦庄就是至今人们仍津津乐道的"天下庄，数窦庄"之窦庄，窦庄从此以"夫人城"再次扬名于世，窦庄成为明末沁河流域最早建造的一座城堡，窦庄也同时引来了沁河流域两岸一座又一座的城堡。

相传，早在宋代，宋哲宗将其妃子肃穆夫人的父亲窦璘敕葬于此，窦庄因此得名。窦氏家族为了保全性命和财产，曾在窦氏族茔东南的开阔地上，以八卦的布局营建窦府，并在四周建起巍峨的宅第，中心以太极图设计校场、武坊，进退可据，实际上就是一座城堡。让人想不到的是，原来曾为窦氏家族守墓的张氏家族，到明代末年，却成为窦庄最有势力的家族。

窦庄张氏家族明万历年间出了一位进士张五典，天启年间官至南京大理寺卿，在张五典的六个儿子中，就有五个先后为官，其中长子张铨最为出名。据《明史》的记载，万历三十二年（1604）张铨中进士后，先后在河北、陕西、江西等地为官。明末辽东战事起，张铨监军辽东。后金兵（后来的清军）围辽阳，明军大部溃散，张与袁应泰率残部苦守三日被俘。张坚拒后金招降，临死前遥拜明帝和父母，自刎就义，年仅45岁。

精通数理、曾经精心测量泰山高度的张五典，此时似乎预料到明朝的危亡。就在儿子战死辽东的第二年，张五典告老还乡，开始在窦庄建造城堡。《明史》上说："五典度海内将乱，筑所据窦庄为堡，甚坚"。

这个当时被认为"甚坚"的窦庄城堡，是以宋代校场为中心修建的。现存古建筑群占地总面积10公顷，东西南北各长约200米。四方各设大门小门，紧靠西门建有瓮城一座。整体形成九门九关，形似一个正方形，民间称为"金丝吊葫芦"。

窦庄的城墙、城门高大雄伟。四大城门高达四到七丈，城墙高三丈，墙厚五尺。城门下为砖券拱门，中间可供士兵五人驻扎。最上一层为瞭望台。城墙周边民居的后墙也是城墙的后墙，室内均设暗道，一旦遇有兵事和紧急情况，即可从民居直接登上城墙。整个窦庄的原城墙约有1000米长。城内只有丁字街，而无十字街，也是出于防御的考虑。街道两旁是排

窦庄现存的始建于明代的北城墙

窦庄尚书府下宅大门

旗杆院

佛庙

古公堂插花院

列整齐的"四大八小"二层四合院，院内建筑多为暗一明二的三层结构，其中暗一即为地下室。楼梯则设在门侧或院内的角落，每上一层调换一个方位，以便防避外人偷袭。登上窦庄的北门城墙鸟瞰全村，依然可见尚书府、九宅院、念修院、怡善院、贾家大院、古公堂、旗杆院等院落，还有那纵横不一的大小十字街。

窦庄城堡经张五典及其子张铨夫人霍氏前后相继7年时间的建设，成为沁河流域第一座集防御与生活为一体的坚固城堡。就像张五典生前料定的那样，窦庄城堡刚刚建成，果然遇到明末农民军及流寇的侵扰。崇祯三年、四年，两年之间农民军三次攻打窦庄，霍夫人临危不惧，率众坚守，最终保全窦庄和张氏家族，"夫人城"一时名声大震。《明季北略》较为详细地记载了此事：

县东北有窦庄，系故忠烈铨里居。先是铨父尚书五典，谓海内将乱，筑墙为堡，甚坚。至是，贼犯窦庄，五典、铨已死，铨子道潜、道泽俱官京师，惟铨妻霍氏守舍，众议弃堡避去，霍氏语其少子道隆曰：避贼而出，家不保，出而遇贼，身更不免，等死耳。死于家不犹愈死于野乎？且我坚守，贼必不得志，乃躬率僮仆为守御。贼至，环攻之，堡中矢石并发，贼伤甚众，越四日乃退。其避山谷者，多遇贼淫杀，惟张氏宗族得全。冀北兵备王肇生表其堡曰"夫人城"。

明末农民军的兵锋曾数次抵达沁河流域，沁水县城陷，继而是阳城县城陷，也有许多普通的村落被攻陷劫掠，而窦庄城堡却经受住三次考验而屹立不倒，一时间，沁河流域"联筑堡寨，保护梓里"，建起了多达54处的村落城堡。

霍夫人宅院

自明末至今，历史的年轮已过去近400年。如今顺着端氏到润城的二级公路南下，窦庄、郭壁、湘峪、皇城、郭峪、润城等明代古城堡依然屹立在沁河两岸,它向世人展示的不仅是那坚厚的城墙和高大的河山楼,更是那历经世变和沧桑的文化内蕴。

郭壁 从窦庄出来,沿沁河不到一公里,我们便步行来到沁河古渡口——郭壁古镇。窦庄与郭壁毗邻,历史上又都是那样的有名气,难怪民间有"金郭壁银窦庄"之美誉。

郭壁的地形是高台缓坡,依山面河,西高东低,南北相连。村落和宅院沿沁河大堤建筑于山壁之上,镇子的出口就是历史上有名的沁河古渡口,吊桥设在各渡口的石拱门外,石拱门则立于堤坝的临水石阶上。"沁水河边古渡头,往来不断送行舟",金郭壁的古渡口不知承载过多少金银铜铁,也不知运送过多少士农工商。依古渡口向上看去,是郭壁最古老的建筑——崔府君庙。此庙建于北宋年间,至今已有近千年的历史。庙内最令人叹为观止的是建于元代的舞楼,有建筑专家称,这是"中国现存最早

郭壁村

郭壁崔府君庙

舞楼

的戏台"。

进入郭壁古镇，张、王、韩、赵"四大家族"的四大宅院自南而北，依次排列，最是夺人眼球。韩家的进士第，王家的"三槐里""青缃里"，张家的十三院，赵家的串串院各个非同寻常，气派非凡。石狮抱鼓、石条小街、砖拱窑门、门匾题刻、木雕砖雕，一切都在传递着这里昔

韩家进士第

青缃里

郭壁宅院门匾及石雕　　　　　　　　进士第

日的繁华富足和耕读气息。

郭壁的城墙为夯土城墙，这在沁河流域并不多见。至今，从郭南出西寨门，还可以看到一段青砖和夯土相结合的城墙，显然主体为夯土，城门上依稀可辨"御侮"二字，旁边"崇祯六年"的题刻也斑驳可辨。窦庄在此之前经七年时间建筑砖石城堡而未被攻下，而郭壁的城墙即使从崇祯三年到六年，也不过只有三年时间。这是不是郭壁土城墙建筑的缘由？郭壁现分郭北、郭南两部。与郭南一样，郭北也留有两段不完整的城墙，一段为砖石结构，一段则完全为夯土结构。夯土城墙现存二十多米，高四五米，显然比砖石城墙低了许多，也许是因为经历了近400年的风雨剥蚀？

湘峪　从郭壁沿沁河而下不到10公里，再逆湘峪河缓缓东进，远远地即可看见一片山崖上高高耸立的城堡式村落，那便是"三都古城"湘峪了。在湘峪现存的古建筑中，以孙氏家族老三孙鼎相的"三都堂"最为有名，民间遂称湘峪为"三都古城"。

"三都古城"湘峪

湘峪古堡

　　湘峪与郭壁一样，背山临河。只是湘峪的古城墙更加雄伟气派。站在湘峪河旁向上望去，整个村落被砖石结构的城墙包围起来，城墙内层楼叠院，高低错落，满眼都是风光楼。湘峪河就像一条天然的护城河一样流淌在古城脚下。湘峪的对面是樊山，樊山则由十条大小山脉组成。湘峪人饶有兴味地讲，樊山的十条山脉无论什么走向，最后都会朝向对面的湘峪。"十山九回头，辈辈出诸侯"，明清之际湘峪出了七位进士，都说与此风水有关。

　　湘峪古城与窦庄一样，始建于天启三年（1623），同样也是在朝做官且为村中最有势力的孙氏家族所建。只不过窦庄建了七年，而湘峪则用了十年。这或许就是湘峪古堡在沁河流域众城堡中最为耀眼的原因所在。

湘峪之耀眼首先在于它那为世人惊叹的藏兵洞。进入湘峪的南门，便可看见城墙的内墙布满了一排排整齐的砖石窑洞，这就是当年用来防卫城堡的藏兵洞。藏兵洞洞体宽大，洞洞相连。每个洞内都设有拱形窗户，用以瞭望敌情或射箭打炮。每个藏兵洞均在东西两侧各开一门，作为进出通道，通道将每个藏兵洞连接起来，此为"串珠式"；藏兵洞的后部，又有一条笔直的通道，将每个藏兵洞与走廊连接起来，此为"走廊式"。我们

藏兵洞

真的难以想象，如此既可各自为战，又能互相协防的藏兵洞是怎样巧思构筑而成？

在现存湘峪古城堡中，最具特色的标志性建筑是"三都堂"内的"看家楼"。此楼虽然面宽只有三间，但体高却在五层25米，迎面走来眺望，顿感壮阔宏伟，气势逼人。尤其是它那金黄色的楼体，在阳光的照耀下，显得那样灿烂。有专家称，这是北方保存最好的明代民居高层建筑。出"三都堂"南行不远，便是依山而建上下两层的孙氏祠堂。这座建于明崇祯年间的祠堂，石柱顶梁，梁柱粗大，楼栏凸雕，木柱雀替，虽经沧桑而不失繁华。湘峪古城还有一座设计独特的"双插花院"，其主楼坐北朝南，只有三层，而东西各建四层高楼，东西高而中间低。从外形上看，恰似一顶古代双插花的官帽。

皇城　从阳城县城往东北方向约20公里，有一条游客最为集聚的皇城村。此村也是背倚青山，俯视河川，是一座典型的官宦家居城堡式建筑。总长780米的高大城墙将内城和外城包围起来，内有大型院落16座，建筑面积达36000平方米。

一个普通的村子何以用"皇"字命名？说来也不是没有道理。原来，此村本叫中道庄，中道庄的匾额至今仍然镶嵌在外城门楼上。因为村内出了一位康熙帝的老师陈廷敬，相传康熙也曾驻跸此城，所以与皇家有了关联。或许，在当地的老百姓看来，如此气派雄伟的城堡，简直就像皇帝居住

看家楼

"三都堂"正门

的紫禁城，反正在光绪年间编撰的《阳城新增志》的方舆图上，已经赫然出现了"皇城"村名。至于现在叫得很响的皇城相府之"相府"，便可自然理解为陈廷敬的府邸，不是不可以这样去命名，只是觉得有点不太像是一个村名。

走进皇城，首先看到的是华丽而别致的御书楼，穿过御书楼就是外城，一大一小的两座功德石牌坊顿时映入眼帘。接着便是外城的主体建筑，一进四院的"大学士第"，也就是陈廷敬的私邸相府大院。再后是供女眷居住和活动的小姐院。小姐院的南侧有西花园，花园的南

御书楼夜景

部有管家院。外城占地面积最大的是一个公用的花园，"止园书堂"，也就是供子弟读书的学堂坐落在这个优美的园林中。

功德石牌坊

皇城的内城叫"斗筑居"，形状近似长方形。城墙高达十余米，厚度也在两三米，二百多个垛口，七座堞楼坐立在周长415米的城墙上，蔚为壮观。与斗筑居遥相对应的是内城的主体建筑陈氏宗祠。除庄严肃穆的宗祠外，内城尚有树德院、世德院、麒麟院、容山公府、御史府等明清建筑。与外城的威严壮观相比，内城的建筑显得更加质朴务实，风格简洁。

整个皇城最为壮观的标志性建筑，是用来抵御明末农民军而建造的河山楼。此楼始建于崇祯五年（1632），为陈廷敬的父辈兄弟三人合力动工兴建。据初步测算，河山楼共取用石料3000块，用砖30000块。楼长三丈四尺，宽二丈四尺，三间七层，高达十丈。河山楼建造过程中还发生了一桩惊心动魄的故事：农民军进入沁河流域的警报不时传来，为抢时间，崇祯五年新年刚过，河山楼便开始动工，到七月间主体建筑砖墙砌完。本来选定农历七月十六上梁竣工，孰料十五日农民军王子用部已兵临脚下，

皇城内城

仓皇之间，陈家储运粮米，与村中800多男女当晚藏进楼内。果然，第二天农民军逼向皇城，陈氏族人率壮士兵丁镇静坚守。相持两日，陈廷敬的父亲陈昌期欲出楼求援，乘夜深之时，以结绳下爬，只因腕力不足而失手坠地。匆忙中家人以银赏壮丁缘绳而下，才将陈昌期用竹篓提到楼上，好歹是有惊无险，人无大碍。农民军围困四日后，无功撤离。后又经三个月时间的修筑，河山楼得以最后完工。

河山楼从外观上来看上下宽度一致，其实自下而上每层的围墙厚度不断在减少，内部空间却

内城城墙

在不断地加大。此种倒"八"字形的建筑结构，不仅节约砖木，扩大了内部使用面积，而且增强了楼体的抗震力和稳固性，实在是独具匠心。河山楼同时具有生活的功能，不仅底层有生活必备的石磨、石碾、水井，而且挖有暗道通往城外，是集防御与生活为一体的上乘建筑。

河山楼

郭峪　站在皇城的外城墙上，更不要说身置河山楼内，你一定可以清楚地看到对面不远处另一个比河山楼更为高大，又类似河山楼形制的建筑，那便是距离皇城不出千米，属于郭峪村的"豫楼"。豫楼取"豫则安，不豫则殆"之意，是沁河流域现存最为高大的一座防御碉堡。也许是因为豫楼的建造较河山楼、看家楼晚了一点，它在体型和防御与生活的功能上也更为高大而完备。整个楼体高达七层，面阔15米，五开间，进深7.5米，俨然一个庞然大物。底层全部以石材砌基，厚厚的墙体嵌入小小的窗户。地下实际上还有两层，一层置有水井、石碾、石磨、灶台，甚至在墙体中设置了茅厕。不用担心臭气熏天，一条垂直的管道在墙体中直通墙基外的茅坑，便解决了这个烦恼事。从地下一层沿狭窄的石梯再下，则有砖砌的地道，据说豫楼的这个地道可以直接通向每家每户。七楼的顶层共有34个砖堞，且将楼角砌成斜角，以利于防守者隐蔽瞭望。至今还有一些形状不一的大石头堆放在砖堞之间，难道这就是郭峪人当年御敌守楼的武器？

郭峪的城墙也是一绝。远远看去，郭峪的城墙从樊溪河的边缘沿山根顺势而起，好似一条飘带呈半环状将整个城堡连接起来，高大雄伟中又不失委婉柔美。整个城墙平均高度为12米，东西方向最窄处

豫楼

仅100米，南北方向最长处却有1000米。在长达1400米的城墙上，矗立着13座城楼和450个城堞。城头设有两米多宽的巡逻马道，两侧则有不高的

豫楼顶层鸟瞰郭峪村

豫楼底层的生活设施

女儿墙，外侧女儿墙头又有迭堞。从城墙的内侧看去，638孔窑洞依次排列，错落有致，人们形象地称之为"蜂窝城"。

郭峪是沁河流域的大村，居民是几十个姓氏混居一起，其中最具势力

郭峪城墙

的陈、王、张三大家族占据了村内最好的地段。陈廷敬父亲修筑的"老狮院",院院相通的"王家十三院",明蓟北巡抚张鹏云的故居"张家大宅",嘉靖进士张好古的祖居"小狮院"等,是村内最大也是最好的民居建筑。还有那外人道不出名目的几十个院落,虽经几百年岁月的洗礼显得有些破损,但仍可从破损间寻见昔日的辉煌。

砥洎城 自阳城县城往东约13公里,是明清之际沁河流域最为富庶繁华的润城镇。往润城的西北望去,但见高高的山丘上,一块椭圆形的天然巨石托起一座古堡,这就是著名的砥洎城。砥洎城三面环水,沁河绕城而过,南面通向村镇,城体高高耸立,远望好似中流砥柱。由于明清时期的沁河又称"洎水",因而有了"砥洎城"的雅称。

"老狮院"院门

从现存砥洎城文昌庙保存完好的"山城一览"石碑图中可以推断，此城也为抵御明末农民军进攻而建。相传，农民军兵锋抵达沁河流域之际，润城籍外官、时任北京大兴县知县的杨仆，即刻带着银两和修筑专家赶回老家，杨氏家族的买卖人也从四面八方赶了回来。杨家本润城之大家，众人商议之后，决定选此三面环水、易于防范之地筑城防御。砥洎城始建于崇祯四年（1631），建成于崇祯十一年（1638），前后历经七年时间。整个城堡占地23000平方米，周长704米。城内十大街坊，七十二个院落，六个祠堂庙宇，整体对称严谨，疏密有致。

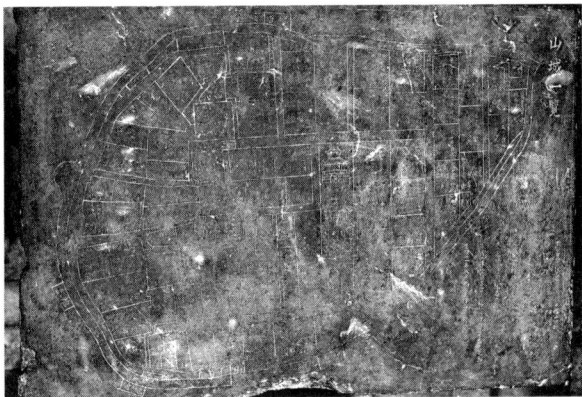

"山城一览"石碑图

走近砥洎城通向村镇的南门（俗称旱门），巍峨的城墙下砖拱的门洞和上方的门楼联为一体，三个楷体大字"砥洎城"熠熠生辉。城门的设计别出心裁，过道前后有两道相背的城门，入夜关闭城门后，进深足有5米的空间可自成一体。过道之后又有一道闸门，平时悬吊起来，遇有烽火，便可迅疾放下闸门，躲进城内自保。北门俗称水门，为顺治十年（1653）增修。自水门出，便可乘船进入沁河，又能方便百姓洗濯。在水门的走道上，曾建有高24米的四层"祖师阁"。阁楼四面开窗，楼道外悬，俗称"看河亭"。酷暑炎热的一个中午，我们曾登上最高点的看河亭，沁河、润城尽收眼底，顿感身心清爽许多。

砥洎城的城墙极富特色。墙高一般12米左右，临水的城墙约有20米。西侧临水的城墙随地势呈梯状分为两层，之间以坡道相通。在现存砥洎城的城墙中，最让人开眼的是那段20多米长的"坩埚墙"。从外观看一律的青砖包裹，内侧则是光亮亮的、以坩埚和石条混砌的城墙，一个个密密麻麻、整整齐齐排列的坩埚，恰似一个个"蜂窝"组成城墙，人们称之为"蜂窝墙"。站在厚实的蜂窝墙下，我突然觉得，那一个个坩埚，不就是一个个整齐排列的壮士头颅吗？

砥洎城的72个藏兵洞（恰与72个院落一致），战时可以屯兵，闲时就是牛羊的栖息地；砥洎城十条街巷，多数狭窄幽深，一律的"丁"字街而没有十字街；砥洎城的城门、城墙、街道、院落自成一体，虽然狭窄却处处相通；砥洎城的土地庙、三圣庙、关帝庙、黑龙庙等庙宇，错落有致地建于城中东西南北不同的方位；如此的设计确实煞费苦心，如此的建设实在用心良苦。

砥洎城内"坩埚墙"

砥洎城内的街道与独特的"拐弯抹角"

自张五典"度海内将乱，筑所据窦庄为堡"始，沁河流域"联筑堡寨，保护梓里"，一时间出现了54处坚壁自守的城堡，这些乡间的城堡更多的只留下点断壁残垣，而窦庄、郭壁、湘峪、皇城、郭峪、砥泊城依然耸立在沁河两岸，这是一段历史的见证，也是中国北方地区至今难得一见的城堡群。

城堡的建筑应该有了很长的历史，世界各地至今都有一些或保存较好，或难觅踪影的城堡遗址。欧洲中世纪的城堡自不必说，中国至今也有福建的土楼和开平的碉堡。沁河流域的城堡是北中国至今保存的年轮最长、数量最多、功能最完备的城堡，我将其称作"北方城堡"。

三、农桑文明

"男耕女织"在沁河流域特定的自然历史条件下，转而演绎为"男耕女桑"的生产生活方式，这在中国的北方地区实在是比较罕见了。植桑——养蚕——缫丝，一个完整的生产链，一个千百年来世代延续的生产生活实践，在沁河两岸兴盛衰败起伏不定，是时代的节拍决定了它的兴盛？抑或人事的行为导致了它的起伏？无论怎样，"男耕女桑"，植桑养蚕，那是沁河流域历史上一幅美丽的画卷，或许它将成为一种历史的沉淀。

1. "男耕女桑"

男耕女织是中国古代家庭的自然分工形式。

"牛郎织女"虽然仅仅是一个传说故事，但它却是人们对现实生活的一种美好向往。"女织男耕，桑麻满圃"，"夫是田中郎，妾是田中女"，此类诗句道出的都是那千年不变的农村田园生活情景。

忆记30余年前，也就是改革开放之前，家乡晋南农村依然是男耕女织的生活画面。春夏秋冬，种锄收藏，小麦、玉米、谷子、红薯、土豆，男人们一年四季日出而作地在地里忙活。成年的妇女已不再像古时那样缠着小脚走不出家门，他们像男人一样下地干活，一样地要去挣工分为家庭出力，只是"女织"的角色分工并没有大的变化，能够织布缝衣的男人毕竟凤毛麟角。从棉籽的下种开始，间苗、施肥、锄地、打顶、打农药、摘棉花都是妇女们的主要农活。棉花从地里收回来后，晒棉花、榨花、轧花、纺花、织布、漂染、纳鞋底、裁衣服、缝衣服等一系列的"女织"方告完成。冬季深夜静静的村子里可以听到嗡嗡嗡的纺车声，夏季炎热的中午可以听到吱呀呀的织布声，即使在田里劳动的休息间隙，或是开什么大会小会，她们也会拿起随身携带的鞋底穿针引线顶针往来。母亲们年复一年、日复一日地辛苦劳作，少不更事的小孩子们见怪不怪、习以为常，懂事后才渐渐体会到"慈母手中线，游子身上衣"的那份勤苦。

晋南和晋东南，古时分别称为河东和上党，两地虽山水毗连，风情却大不相同。"沁河风韵"学术工作坊的系列考察活动，使我的这个认识更进了一步，这就是：晋南是"男耕女织"，晋东南却是"男耕女桑"。

沁河流域植桑养蚕的历史非常悠久。商汤桑林祷雨见于多种历史文献，成书于战国时代的《竹书纪年》云："（商汤）二十四年，大旱。王祷雨桑林，雨。"之后，《尚书大传》《吕氏春秋》《淮南子》等书均对此事有过记载。虽然桑林祷雨的具体地址一直争论不休而无法确指，但沁河流域至今仍然广为流传的有关传说和历史遗址，尤其是它那独特的地理环境和延绵不断的植桑养蚕历史，却足以使人们将商汤桑林祷雨与沁河流域连接起来。

阳城县境南部有一条以"桑林"命名的桑林河，这就是原桑林乡（今属蟒河镇）之桑林河，雍正版《山西通志·山川》说，桑林河畔"地多桑名。曰桑林，相传成汤祷雨于桑林，即此。"阳城曾有桑林、白桑二乡和三十多个村庄以桑命名，以桑命名的山川沟壑更是多不胜数。至今，阳城县以桑命名的村子尚有上桑林、下桑林、上白桑、下白桑、范桑沟、桑园沟、桑园河等。《穆天子传》说，周穆王曾休憩于濩泽"以观桑者，乃饮于桑林"。走过濩泽湖畔，周穆王巡视的足迹仍可在一些地名中得到印证，像封头、告（膏）车、驾岭、护驾、回龙庙、天子圪堆，等等，民间都流传着周穆王巡视的美好传说。

那么，商汤桑林祷雨之"桑林"到底是在什么地方呢？对阳城历史文化颇有研究的原阳城县地方志办公室主任刘伯伦先生断言，"汤祷雨桑林之地在析城山无疑"！刘先生认为，位于濩泽西南部的析城山，古时是在一片绿色桑林大海中的巨岛方域，周边林深树密，水草丰茂，历来为晋豫两省交界地的祷雨中心，析城山长期以来俗称"圣王坪"，正是因为传说中的汤王在此祷雨而得名。析城山的"圣王坪"与历山的"舜王坪"，珠联璧合，相得益彰，正是先民对农桑并重的绝妙写照。

走过沁河中游的沁水、阳城两县，我们会发现各种庙宇星罗棋布，难以确数，但有一个基本的感觉是沁水舜庙多，而阳城汤庙多。随行的阳城县有关同行告诉我们，根据近年来的初步调查，目前为止仅阳城境内仍然较为完整地保存了历史上遗存的100余座祭祀商汤的大小庙宇，如果包括

已经部分毁坏但仍有遗址的汤庙，数量应在200座以上。阳城商汤庙宇之

多确实是一个罕见的现象，至今，桑林村的汤庙仍有"桑林遗泽"四个大字端庄地镶嵌在大门上的匾额中。那是沁河流域民众祖祖辈辈祭祀商汤的传统承继，也是商汤桑林祷雨这个美丽故事的延续。

蚕茧

植桑养蚕是沁河流域一个主要的传统产业。查沁水县现存最早的康熙、嘉庆、光绪三部县志，其《风俗志》均明确记载"民勤耕稼，务蚕桑"。"男耕女织"与"男耕女桑"的区别，其实质在于棉花与桑的区别。棉花的大量引进与种植在清代盛世，山西最早种植棉花的地区在河东，沁河流域则在清同治以后。光绪《沁水县志》中列举各类物产，仍然没有棉花的字样。沁河流域棉花的大量种植是在民国时代，尤其是新中国建立后的时代。然而，传统的蚕桑业却一直坚韧地活跃在生产生活中。如今，行走沁河两岸，或是漫步太行山间，不同品类的大小桑树在田埂、山坳间仍然随处可见。20世纪七八十年代，沁水、阳城两县均设有蚕桑局、蚕桑站、蚕桑学会之类的行政管理和技术研发机构，这在山西的100多个县级行政机构中是不多见的。暑天的一个大清早，我曾漫步沁水县城，居然发现有一条主要街道仍然以"蚕桑路"命名。

沁河流域植桑养蚕的历史一直延绵不断，《隋书·地理志》既有本区"民重农桑"的记载，崇祯版《沁水县志》序中称"沁水土虽硗瘠，桑、麦、枣、柿之利，生民仰给。""桑"为这里的四利之首，足见蚕桑业在生产生活中的地位。"一亩一株桑，种地不纳粮"，"每亩地边五株桑，家家都是好时光"是千百年来民间的一种流行说法。事实上，尽管改革开放以后传统的蚕桑业在沁河流域已呈衰败之势，但沁河流域的丝绸产品，在民间仍

有着广阔的市场，由此我们可以联想到的是，明清以来享有盛誉的贡品"潞绸"，沁水、阳城当为主要的供应基地。重要的是，高下肥硗，物有所宜，沁河流域丘陵地带的石山梯田和气候温度，对于植桑养蚕是最为适宜的地理环境。一个"硗"字和一个"桑"字在沁河流域自然地连接在了一起。

2. 植桑

商汤桑林祷雨的记载虽然早已见诸文献，但有关沁河流域植桑历史的资料却十分有限。雍正年间的《泽州府志·杂志》中有一则非常重要的史料，说的是有位南方的官员曾与阳城县田姓侍御论及田桑事，"谈及吴中苏杭等郡俉蚕为春收，栽桑之法与山右不同"，南方人植桑，须先下子压条，然后接枝，桑叶厚且大。其不接枝者叫作野桑，而野桑"饲蚕不宜"。若遇到桑多蚕少的年份，往往将头叶全部去掉，待长出第二茬桑叶才去喂蚕。南方的二蚕，也叫秋蚕，是不食第一茬桑叶的，头叶桑不让其长过夏秋，这叫作"蚕家科桑"。所以，南方的蚕丝"光彩夺目，织绫尤宜"。而山西的泽州一带，当然包括沁河流域的沁水、阳城却是"桑多不接，生崖碚路旁，不加灌溉，土不肥润，任其荒燥，每见叶多筋丝。蚕丝过粗，上机组纤，每多纰纇，皆不讲培养桑本之故也"。

从这位南方人的描述中，我们可以知道的是，沁河流域传统的植桑，并不像南方人那样压条接枝，南方人把它叫作"野桑"。加之沁河流域土地贫瘠，又无灌溉之利，不肥不润，只能是又荒又燥，长出来的桑叶自然是"叶多筋丝"。蚕丝过于粗糙，上机后每多圪垯，这些都是没有注意"培养

鹿台山桑园

桑园锄草

桑本"的缘故。

然而，一方水土要养育一方民人。尽管沁河流域的"野桑"不像南方那样水丰土润，但它毕竟是沁河流域民众世代为生的重要产业。阎锡山统治山西初期，大力推进"六政三事"，植桑植棉在沁河流域进一步扩展，抗日战争前，阳城县有桑树100万株以上，沁水县也有桑树55万株。之后，虽经战火焚毁有所减少，但建国初期仍有100多万株桑树。在南阳、横河、桑林、白桑一带，我们仍然不难发现一些用古老的桑树挖空制作的"马槽"，村边地头和农家小院，随处可见被砍伐后留下的桑木桩。据乡民所言，这个时期桑树的品种主要有小桑、山桑、格鲁桑三种。

沁河流域大面积的植桑是在新中国成立以后。统计表明，20世纪80年代中期，沁河流域植桑面积达到了历史最高水平。1985年，沁水县累计桑树已有3035万株；阳城县桑园就有3500亩，定植桑树136万余株，地埂桑2066万株。政府倡导，集体组织，群众广泛参与是新中国成立后沁河流域植桑面积迅速扩大的主要原因。

早在20世纪50年代，在山西省政府的支持下，就有江苏支援山西的蚕桑工作队进入沁水和阳城，在工作队的指导帮助下，沁河流域的民人第一次开始采用插条、压条、套接等新的方法改良桑树，采集桑子、插种育苗、修桑培桑等南方植桑的技术第一次和沁河流域传统的植桑方法结合起来，地埂桑的栽培形式和发展优势逐渐为沁河流域所接受，尤其是春天进行桑树的修剪，也就是俗称的"出扦"管理办法，大大提高了优种桑和地埂桑的面积。新编《沁水县志》里说，"全县掀起一个栽桑养蚕的新高潮"。

桑树品种的引进和改良新中国成立后一直没有间断。20世纪50年代，先是引进江苏、浙江、山东等地的荷叶白、桐乡青、湖桑、梨叶大、鸡冠桑等优种桑。20世纪60年代后期开始，本地植桑技术员因地制宜，利用技术改造培育而成的新的桑树品种陆续出现，仅阳城县即有阳山一号到阳山十二号等十几个品种。1970年培育成功的"阳桑一号"，适用于无根插扦育苗，不仅省去了带根嫁接的环节，而且成活率极高。桑叶片大质好，产量也高，非常适宜本地种植。20世纪80年代初期，"阳桑一号"不仅在阳城全县得以推广，而且扩展到山西省内的运城、临汾、永济、稷山、太原等地，甚至传播到长江以南部分地区。

大体而言，新中国成立后沁河流域植桑技术的改进有以下几个主要方面：一是植桑方法的改进。地埂桑得到普遍认可，矮秆密植的桑园广泛采用。1965年6月，中央曾在沁水县端氏公社专门召开北方五省（市）地埂栽桑养蚕现场会，之后，中国农业电影制片厂又在端氏拍摄了"地埂栽桑保农田"的专题科教影片。20世纪80年代初期，统计沁水、阳城两县计有桑园近5000亩。二是育苗技术的改进。新的嫁接技术如袋接、套接、芽接等技术逐渐代替了传统的插接、劈接、压接、搭接技术。带根插扦，甚至无根插扦技术得到运用。三是剪修采叶，也就是"出扦"技术得到推广，剪刀剪叶，控制树型、修枝"科叶"成为植桑的必然环节。四是治虫施肥。春季防治食芽害虫，夏末秋初防治食叶害虫，秋季防治细菌病和浮尘子危害，冬季消灭越冬害虫，春秋两季对桑树施肥，结合修边整地进行培土，等等。这是一个对传统植桑技术的突破过程，也是植桑技术上一个翻天覆地的变革。

我们不难发现，清代那位南方官员看到的沁河流域的传统植桑方法已经从根本上得到了改观。人行山间的普通民人已经改变了"桑多不接"的传统方法，他们不仅学会了"蚕家科桑"的技术手

现代桑园

段，也懂得了"培养桑本"，甚至培育出许多新的桑品。或许，这些太行山间的桑品会被移植到"吴中苏杭"一带？

3. 养蚕

> 处处人家蚕事忙，盈盈秦女把新桑。
> 黄金未遂秋卿意，骏马骄嘶官道傍。

明代沁水进士常伦的这首《沁水道中》，化用汉乐府《陌上桑》诗意，描述的是沁河两岸民女植桑养蚕的田园生活。"处处人家蚕事忙"，行走在沁河两岸，我们随处看到的不仅是许多汤庙、舜庙，而且还有多数地区少见的"蚕姑庙"，那就是当地祭祀教授民人植桑养蚕的嫘祖的庙宇了。走进沁河流域的农家小院，映入眼帘的是那虽显简陋但有两层建筑的民居，通常一层用作饮食起居，二层是用来养蚕的专门场所。桑树、桑叶、桑木桩、汤庙、蚕姑庙、蚕桑局，还有那农家养蚕的二层楼，这一切无不透露着沁河流域"处处人家蚕事忙"的生活情景。

2014年8月初，一个挥汗如雨的暑天，沁河风韵学术工作坊的同人们，在考察历山后乘车赶往沁水县城，车行近半个小时，中村出现在我们眼前。这是我的大学、研究生时代的老师江地先生的故乡，一个耳熟能详、一直念想却一直没有机会来过的普通村庄。中村就在公路的旁边，我请司机师傅特别停下车子，好让我感受一下老师青少年时代的生活环境，似乎是老师冥冥之中要我代他再回历山脚下这个普通的村庄看看。回到学校后，顾不得忙其他事情，便从书架上抽出虽未正式出版，但由中共沁水党史资料征集组编印的《江地回忆录》读了起来。原来，老师的家乡就是沁河流域一个植桑养蚕的普通村庄：

> 中村是出产蚕丝的地方，这是全村农业上的大宗，不但我的
> 母亲和姐姐都会养蚕，织家机布的绸子，连我们孩子们也知道在课

余之暇，去放牛割草，并顺带一把桑叶回来喂蚕。男人们则在蚕茧将收的前夜，就忙碌起来了，他们必须把村外河滩边田埂上一排一排桑树上的枝条砍回来喂蚕。因为那要登高上树，要用斧头来砍，要把它一捆一捆地背回来，这就不是妇女和孩子们所能为力的了。大约是在蚕的头眠、二眠以妇女、孩子为主体，到三眠、四眠不仅妇女成为主要的劳动力，而且连男人们也都紧张起来了。待到蚕茧收摘下来，人人脸上露出了喜悦的笑容，这在家庭里是一笔可观的收入。谁家可有多少土地，又有几把蚕丝，这是衡量家庭水平的一个标准，而这标准又成为男婚女嫁是否门当户对的条件。可惜的是人们就连想也没有想过，为什么穿绸缎的竟在中村找不到？是中村人不会穿着吗？不是的，贫穷就是村庄里的特色，贫穷使他们连想也不敢想呀，我见中村人之中有穿过绸衬衫的，就仅仅有高小的老师们，但他们也不是人人如此，只是偶尔有所见到罢了。

江先生在回忆录里还提到，他十三四岁时，第一次来到阳城县城，对阳城县城人的穿着"感到惊讶"：中村人终生养蚕做绸，却从来没有穿绸衣服的，沁水城里人就有穿绸衬衫的，但那仍然是用农家织布机织出来的一种相当粗糙的土绸料，颜色是黄的。阳城人就不同了，有一些就穿着纺绸府绸衬衣，它的颜色是白的，它是用缝纫机做成的，它的做工也比较细致。作为一个十三四岁的乡下孩子，初来乍到，对这一点感到惊讶。先生十三四岁的时候，也就是抗日战争的前夕，沁河流域大多数的乡下人是穿不起绸缎衣服的。"昨日入城市，归来泪满巾。遍身罗绮者，不是养蚕人。"我那青少年时代一直生活在历山脚下中村的老师，一定会想起这首顺口顺嘴却带几分悲切的诗歌。

虽然乡下人穿不起绸缎，但蚕桑业毕竟是沁河流域农人的主要产业，他们祖祖辈辈利用有利的自然条件，不断地劳作，不断地收获。清人吴薪照有一首《五言排律·赋得饲蚕》，状描的即是芦苇河两岸"闺阁勤蚕事"的情景：

闺阁勤蚕事，求桑去莫迟。

浴来当暖日，饲去趁芳时。

几辈忙寻叶，三眠正吐丝。

晨昏严课督，寒暖谨维持。

陌上红腔和，蓝中绿色宜。

会当成茧后，农务更堪急。

大体而言，新中国成立前的沁河流域，凡有桑树的人家都在养蚕，蚕种是自繁自育。夏季摘茧后，按需留茧、发蛾、交配、产卵，来年春季加温孵化，收蚁喂养。如此的传统养蚕方法，一年只有一季春蚕，而且蚕种退化，产量很低，茧质也差。

沁河流域养蚕方法的根本改变也是在新中国成立以后。20世纪50年代开始，政府开始倡导新的养蚕技术，秋蚕开始在沁河流域出现。同时，改良品种、防病消毒、适时催青、分批收蚁、蚕网除沙、薄养勤喂、分类采茧等新的技术环节逐渐推广开来，使得蚕茧的产量迅速提高。统计阳城县1949年蚕茧产量418600斤，1957年842000斤，20世纪60—70年代大致徘徊在四五十万斤，1977年突破100万斤大关，1984年蚕茧量达到2673328斤。

自阳城县城往西南行30公里，有一个200多户人家的岩山村，岩山村又由岩山和桑园两个自然庄组成。这个岩山村，由于抗日战争时期著名作家赵树理的《李有才板话》而闻名于世。"模范不模范，从东往西看。西头吃烙饼，东头喝稀饭"。这句

摘蚕茧

板话大概是当年岩山村生活状况的一个贴切写照。殊不知，岩山村还是新中国成立后"华北蚕桑第一村"。岩山村植桑养蚕的传统悠久，从桑园的地名便可得知。据说新中国成立前岩山村年产蚕茧即达五六千斤，只不过那时候农家自留蚕种，病害多，产量也低。新中国成立后，蚕桑生产不断发展，蚕茧产量稳步上升。自20世纪60年代开始，岩山村充分利用梯田栽种地埂桑，复种老桑，改良幼桑，20世纪70年代初期，全面实现地埂桑树化，全村桑树达到十几万株。1984年，桑树达到143800株，蚕茧产量34506斤，蚕茧收入63670元，人均收入70元。20世纪80年代的70元，应该不低于当时一个普通国家干部或工人的月工资吧。

"喂蚕大嫂，稀和吃饱。不敢脱倒，脱倒不好。等到蚕老，做件棉袄。穿上赶会，你看多好"。这首流行于沁河流域的农谚，道出的不仅是喂蚕大嫂的

现代大棚养蚕

辛劳，也有一份像男人在田里辛劳收获后的喜悦。

4. 缫丝

从植桑、养蚕到缫丝、丝织，在沁河流域是一个完整的生产体系，用我们现在的话来说，是一个"生产链"。这样的一个生产体系在沁河流域代代相续千百年，而在北方其他地区却很是少见。晋南、晋东南山水相连，晋南的临汾、运城一带，就很难见到田里植桑、家里养蚕的情景了，至于缫丝和丝织，大概祖祖辈辈连常识性的程序也不得而知。

我的青少年时代是在晋南的普通农村度过的，记忆中也有过养蚕的经历，但那好像是自然课本中有那么一课，叫作"蚕的生长过程"之类，带着小孩子特别的好奇心便在家里玩起养蚕来。整个的养蚕过程倒是亲身经历了。先是不记得从谁家找来蚕种小心翼翼地置放在家用的粗布上，然后在土炕最暖和的那块地方进行加温，过些日子，形似蚂蚁的幼蚕便密密麻麻地出现了。蚕是要吃桑叶的，村子里的田间地头很难见到桑树，只好到街坊邻居家那颗少有的桑树上去摘采。渐渐地，小蚕长成了大蚕，体色也由黑褐色变成青白色，然后它就不吃不动地做眠了。老熟之后，吐丝结茧，直到吐丝完毕"作茧自缚"，内化成蛹，再经半月时日，最后羽化成虫。这样一个养蚕的过程想必现在的孩子们已很少体验，甚或很少听到，但对沁河流域的人们而言，却是一个耳熟能详的传承。

沁河流域的农家养蚕是自养自缫，不仅能将蚕茧变成丝线，而且能够织成绸缎。传统的生产过程一般是，先用蒸笼将鲜茧焖熟，以防止蚕蛹化蛾伤害茧层，再将焖过的茧放在锅里煮熟，当茧层可以提出丝头时，每只茧提取一个丝头，几个丝头并起来合成一股，拧成丝线，再用织绸机将丝线织成绸缎。普通人家一般用一种叫作拧线轴（可以转动的垂体）的机子将熟茧拧成丝线，民间叫作丝绵线。由于丝绵线不甚光滑，因而只能织绸，而不能织缎。

至迟到明清时代，沁河流域就有不少的缫丝户出现。由于当地织造业水平发展有限，致使黄丝大量外流。河南等地的商人往往北上到沁河流域，收购当地黄丝，进而转卖到洛阳、西安、成都、天津、上海等地。清同治《阳城县志》载："缫户虽多，而邑中不织绸缎，皆鬻于外"。

民国时期，沁河流域开始出现丝绸机坊。《中国实业志》中提到，1936年，山西11个县份有丝绸机坊35家，沁水、阳城均在其中。沁水县仅端氏、张山、永安、嘉峰、窦庄、东文兴、马邑等地，就有丝织机坊14家。由于丝织机坊有限，大量蚕茧和黄丝基本上仍然是外运外销。统计表明，1949年阳城县生产黄丝33491斤，就有23429斤外销。

新中国建立后，政府不仅提倡民间缫丝，而且积极发展集体缫丝，沁河流域的缫丝业得以快速发展。20世纪50年代，沁水、阳城两县都有规模不等的家庭丝织机坊开始大量出现，这些家庭机坊不仅有素织机，而且有花织机，产品除了农家常用来筛面的罗底外，还可以生产手绢、手帕和提花缎。一般的织机操作过程是：每四人一张素织机，每张机每天可织手绢一

原端氏缫丝厂车间

打，每月可把四把丝变成成品；每六人一张罗底机，每日可织一匹，平均每人每月可产一把土丝原料的产品。成品不仅可以满足本地的需求，而且销往本省及外省其他地区。

1957年，沁水县城办起了丝绸"裕沁工厂"，该厂职工80多人，拥有织机10多台；1958年大跃进年代，沁水县将端氏和城关两个丝织社合并为沁水丝织厂，职工发展到300多人，各类织机达到134台，产品数量也猛然增加，有节约绸、菱花绸、美丽绸、花线绨、线绨被面、富花纺、素软缎、花软缎、弹花呢、华达呢等10种以上。

1966年开始筹建的阳城缫丝厂，到1970年正式投产；1980年后，阳城又先后建起了北留双宫茧缫丝厂，寺头丝织加工厂，坪头村缫丝加工厂和西关村丝织厂。到1985年，仅阳城一县全年缫丝即达24吨多，生产丝织品6万米以上。

阳城缫丝厂应该是新中国成立后沁河流域规模最大的缫丝企业了。该厂在"文化大革命"初期由当时的晋东南地委筹建，当时拨款即达17万元。1970年开始投产时，职工有242人，固定资产在127300元，全厂设选剥、缫丝、机修三个车间，年产白厂丝20多吨；1980年扩建自动缫丝车间，人员增加到600多人，年产近60吨白厂丝；1985年拥有职工1000人，设8个科室6个车间。拥有立缫机3920绪，自动缫丝机2400绪，捻丝机600

锭，丝织机20台，年产厂丝103吨，捻线丝15吨，年产值达到5439000元，利润532200元。

阳城缫丝厂主要生产出口白厂丝，是全国第一个白厂丝平均等级突破4A标准的企业，1979年、1983年曾两次获国家产品质量金质奖。其产品远销美国、日本、苏联、荷兰、意大利、瑞士等20多个国家和12个地区，不仅赚回大量外汇，而且赢得了各地消费者的赞誉。1985年，旅美华侨伍振权先生看到旧金山《时代报》刊登的阳城缫丝厂女工缫丝的照片后，激动不已，即兴赋诗寄回阳城缫丝厂，诗曰：

> 阳城县里白条丝，产品精良夺锦标。
> 缀簇盈框传海外，沾光托誉我华侨。

从田间地头的桑树，农家小院二层的蚕房，到拧线轴拧成的丝绵线，再到阳城缫丝厂机械化的白厂丝，谁能想得到沁河流域的蚕丝能够飞跃千山万水远销海外呢？又有谁能想得到沁河流域的产品在海外"飞入寻常百姓家"呢？

四、煤铁之乡

世间一切事物中，人是最可宝贵的，自然资源也是最可宝贵的。沁河流域特殊的地理环境赋予了其丰富的煤铁资源，"香炭净煤"享誉海内外，"铁贱于泥"也非多么夸张。"润城茶壶刘善鏊，安阳砂锅蒿峪笼"，煤铁成就的各类手工业日用产品，不仅满足了沁河流域人民世世代代生活所需，而且远销域外造福世人，实在是沁河流域一张亮丽的名片。

1. "香煤净炭"

山西是一个煤炭大省，沁河流域则是山西储藏和生产煤炭的重要地区。据说，以沁水命名的"沁水煤田"在世界上都是最大的煤田之一。是的，若按现在的行政区划来说，沁水煤田就涵盖了晋城、长治、晋中、临汾四个地市的20多个县；从地理上来说，它则介于太行山、吕梁山、五台山、中条山四山之间；按面积来说在3万平方公里左右。沁河流域正处于沁水煤田的腹地，煤田储藏量十分丰富。更为可贵的是，沁河流域的煤炭又以无烟煤为主，既然属于又黑又脏的煤圪垯，却奇妙的无烟无臭，所以成为人们日常生产生活用煤的佳品，当地人珍爱地称作"香煤净炭"。

沁水、阳城两县的煤炭开采都有悠久的历史。据说，至迟汉代开始，煤炭就已成为人们日常生活中"取火烧饭"的燃料，之后相沿成俗历久不衰。同治《阳城县志》有记载说，早在宋代李昭遘作泽州知府时，沁水流域"冶铸铁钱"就已十分发达，老百姓冒险到山间运输矿炭"常苦其役"，李知府因此"奏罢铸钱"。

到明清时期，沁水流域煤炭开采已经十分普遍。其中最主要的原因是，随着明清以来人口数量的迅速增加，民间对煤炭的需求量也在不断增加；另一方面的原因则是政府的政策鼓励，明清两代不同时期曾有多种鼓励民间开矿的政策实施，加快了煤炭开采的步伐。沁水流域的煤炭又有露头多、埋藏浅和易开采的特点，因而在明清时期出现了一个煤炭开采的小高潮。

清代康乾盛世，沁水流域的煤窑已经遍布四处。由开窑取炭妨碍居民庐舍和坟茔引发的民间纠纷，不时在各地发生，进而立禁约、打官司者屡见不鲜。此举两桩乾隆年间的碑刻实例：

一是阳城县下孔村乾隆二十五年全村"士民"所立"禁窑碑"。碑文称：下孔村有东西两社，曾经公议禁止开窑而伤风脉。但仍有"无知徒"攻窑开采，大伤各姓坟茔甚至全村的风脉，因而再次立石刻文禁止开窑。可恶的是，有人竟然"暗毁碑文，又行开做炭窑，损人利己，天良丧尽"。此为第三次"两社公议"，禁开煤窑，若再有违议者，即将鸣官治罪。

二是郭谷镇（即现郭峪镇）乾隆二十九年"阖镇士民"陈观化等所立"封窑碑记"，碑文称：郭谷镇卫姓、张姓在堡城西门外开有煤窑，早在乾隆十九年，两姓争控引起官司，上司以"不忍遽毁"草草了案。十年之后，本镇贡生陈观化等再次控告，县府"亲诣勘明"，以"郭谷一镇，向来人多殷实，户有盖藏。自卫、张二姓攻凿窑口以来，迄今十数年间，日间消乏，总由地脉伤损。恐开采年久，山谷空虚，有碍居民庐舍，自应严行封禁"为由，再次"从宽销案"，并警告"如再持矜滋事，即行详究毋违"。

虽然我们没有历史时期沁河流域煤炭生产的准确数字，但从上述两桩案例可以看出，当时煤炭的开采已经相当普遍。《阳城乡土志》记载，清光绪年间，阳城"阖邑煤炭的销行二百万担不等"，已经是一个较大的数量。1930年，阳城全县共有煤窑69个，工人近800人，年产煤约14万吨。抗战期间，太岳行署曾对本区煤窑进行调查，仅阳城县就有已开采过的煤窑178个。1936年，沁水县仅中村一地，就有小煤窑26座，年产量45000余吨。

传统的采煤业不仅生产规模较小，而且开采条件有限，窑工的劳作十分辛苦。1922年开采的阳城台头郭沟煤窑，巷高只有0.7米，1939年开采的北固隆西坡协兴煤窑巷高也仅1米。采煤劳工进出煤窑需要弯腰屈膝，采掘全靠手工锤打镢刨，出煤需要人力拖拽煤筐，匍匐爬行。矿工出窑，除去两个眼睛可以看出外，全身上下皆被煤灰涂黑，俗称"煤黑子"。

新中国成立后，沁水流域的煤炭生产有了长足的发展。1951年阳城矿业普查表明，全县173个行政村中就有62个行政村恢复煤窑，全县共有煤窑110个，采煤工人2305人。与此同时，县政府组织技术人员进行系统培训和外出学习，使煤矿生产技术和安全管理水平进一步提高，采煤业由手工操作逐渐改进为半机械化生产。20世纪50年代后半期，较大的煤矿开始采用火药爆破技术，采煤巷道普遍拓宽，劳动条件和环境均得到初步改善，生产能力也大幅度得到提高。1955年，阳城全县生产原煤21万吨，接近新中国成立前的一倍。沁水县在这个时期煤炭产量也有近7万吨。1956年手工业合作化后，全县煤业合并为16个较大的生产合作社，机械化的程度进一步提高。

20世纪80年代开始，沁河流域煤业生产基本实现了电力开采和机械运输。此时，较大规模的煤矿有沁水县的永红煤矿、永安煤矿、中村煤矿，阳城县的卧庄煤矿、史山煤矿、西沟煤矿等。1985年，阳城全县有煤矿职工7400多人，采煤381万吨；沁水县三大煤矿总产量在30万吨左右，生产规模大大提高。

沁河流域的煤炭不仅储藏丰富，而且质量上乘，其中俗称"香煤净炭"的"兰花炭"最为有名。准确的来讲，兰花炭就是煤的一个品类，历来有"白煤""香煤"之称，又黑又脏的煤炭，居然又白又香，真是一个奇妙的对比。这使我又不免回想起青少年时代家乡烧火做饭和取暖的生活场景。

家乡晋南地区虽然地处山区，却没有煤炭资源。各家各户祖祖辈辈烧火做饭，甚至冬天取暖的材料，主要是山沟里野长的"柴火"，或者是棉花秆和玉茭秆之类，小麦秆、谷秆经过处理后的麦秸和谷秸是需要留下来过冬喂牲口的。印象中，农家很少用煤炭来烧火做饭，冬天的取暖多数也是用柴火烧炕，少数人家卧室里生着炉子，烧的也是最差的煤末和黄土打制的煤块，那炉子烧得简直太没生气了，只不过维持着一点温气而已。遇到富裕一点的家庭婚丧嫁娶之日，或者偶尔到这些家户，可以看到"阳城炭"，那就是沁河流域的兰花炭了。每当此时，众人必将是啧啧赞叹。

兰花炭在家乡又叫作兰炭，因其燃烧时呈青蓝色，故名。按照较为学术的说法，它是煤化程度最高的一种煤，密度大硬度也大，燃点很高，燃烧时火焰短而少烟，又无异味。兰花炭富有光泽，甚至用手指摩擦也不至于染污，实在很是神奇。兰花炭还有一大优点，就是烧完之后没有什么渣滓，全是白白的粉末，根本不用铁钳子去捅。家乡人总结兰花炭的三大好处：好烧、无烟、无味。想一想一般家庭烧的那些劣质煤块，抬脚进屋便闻到异味刺鼻，只见炉子着而屋里依然冷飕飕，过冬前就辛苦地打制煤块，生炉子乌烟瘴气就是生不着，着完之后用力地去捅煤渣倒煤渣，用兰花炭取暖真是一种奢侈。

接触到沁河流域的多方人士均以骄傲的口气谈到，沁河流域的兰花炭因其质量上乘，英国的皇室曾年年订购，以便供应皇室所需。沁河流域的兰花炭居然成为17、18世纪英国皇室壁炉必备品，这使我更加感慨万端。

2. "铁贱于泥"

清代阳城有一位著名的诗人，写过一首著名的诗歌，名曰《打铁花行》：

并州产铁人所知，吾州产铁贱于泥。
巨炉炽炭镕铁汁，打铁铁花飞虹霓。
月黑天阴叫山鬼，金乌烛龙乍舒尾。
直疑天使踏红云，乘风欲截银河水。
下策无端用火攻，拍手笑煞村村童。
珠光迸落救不得，三日忽忆咸阳宫。
铁性虽完铁有用，小佐耕夫大成甕。
如何弃置古原头，盐铁有官抱深痛。
人生行乐真何须，聚蝎杀人劳欢呼？
此作佣者何达理，乃与市侩同豪粗。

九州一铸那堪在，绕指而柔美若辈。

君不见，冶铁铁飞金失性，此虽儿戏终当戒！

沁水民间铁艺

这首《打铁花行》诗，一面用形象的诗歌语言描述了沁河流域打铁花这一传统民间娱乐活动的场景，一面指斥以铁行乐的恶行，发出了"吾州产铁贱于泥"的感慨。沁河流域"铁贱于泥"也许过于夸张，但却从另一方面使我们体会到此地冶铁业之发达繁盛。

沁河流域铁矿储藏十分丰富，冶铁业十分发达，这在历史时期就是一个传统。相传，春秋战国时代，首都设在曲沃、翼城一带的晋国，将法律的条文铸在铁鼎上，铁器在晋国已十分流行。沁河流域紧邻晋国，宫廷向民间征收的铁料自然有不少来自此地。那个时候，沁河流域的"阳阿剑"已经名声在外。到魏晋南北朝时期，阳城的白涧和沁水的武安占全国七大冶铁局中的两个。宋代在泽州设有大广铁冶于今阳城县东冶镇，唯因此地"有盐铁之饶"。北宋统治的160年间，沁河流域以其煤铁之乡的丰富资源占有重要的战略地位，朝廷在此驻扎军队，组织专门工匠广铸铁钱，制造兵器。时任官员曾以此地纳贡铁课之重，人民难以生计为由，奏请朝廷减免冶铁课数十万斤。

明代初年，朱元璋"诏罢各处铁冶，令民得自采炼，而岁输课程，每三十分取其二"。这就是说，明初不仅允许民间自行采矿冶铁，而且大大减免课税，鼓励民间发展铁业，沁河流域的铁业就像煤炭业一样出现了一个进一步发展的小高潮。据载，明洪武初年，仅阳城一县生铁产量就在115万斤，位居全国第五位。到天顺年间（1457—1464）产量达到近1000

万斤，比洪武初年提高了七八倍。清代《阳城县志》记载："近县二十余里，山皆出矿，设炉熔造，冶人甚夥，又有铸为器者，外贩不绝"，说的是阳城南部山区铁冶繁盛的情景。

明清时代，沁河流域最有名的冶铁重镇莫过于润城。如今我们走进润城，使人震撼的不仅是72个藏兵洞，还有那斑驳亮丽的"坩埚墙"。润城人会告诉你，这坩埚是用炼铁废弃的铁渣滓和石灰调和而成，它的粘结度和坚硬度一点不亚于今天的混凝土。坩埚在润城一带不仅用来筑城，而且可以用来为民居筑墙，今天我们在润城一带的村庄，仍然可以看到许多用坩埚替代土墙和石墙的民舍。自润城向东北方向2里许，相传有一条黑松沟，明清时代应该是一条郁郁葱葱黑松林立的沟，不知何时开始，当地老百姓在此建炉冶铁，一时间黑松沟炉火四处炉烟弥漫，黑松沟变成了"火龙沟"。沟中冶铁致富的居民砍光了黑松用来修建民居，使得沟中原来的上庄、中庄、下庄三个小小的居民点连成一片，形成了一条长约1里的"白巷里"村。民国年间的《阳城县乡土志》记载："明正德七年，霸州贼刘六、刘七至阳城东白巷里等村，村多冶业，乃以大铁锅塞衢巷，登屋用瓦击之，贼被创引去。""村多冶业，乃以大铁锅塞衢巷"，可见其冶铁业的繁盛。

润城一带冶铁业的发达，还可以从现有的遗存得到印证，这就是润城村东和村西两座很大的"铁山圪顶"，大量铁炉炼出的废弃渣滓，分别堆积在村子东西两头，久而久之，形成"铁山"。如今，游客游览润城，最可登高饱览全镇景象的高地，就是"铁山圪顶"了。

正是因为沁河流域有着丰富的煤铁资源，"铁匠"便成为当地老百姓的一个主要职业，除了一年四季以打

铁匠

铁营生的专门铁匠外，大概多数男人都很熟悉这门行当。三人一伙，两人一组，随意架起一个小烘炉，便可锻打一般的生产和生活用具。赵树理的著名小说《三里湾》就有一段描写"万宝全"和"使不得"打铁的情景：

> 像万宝全这会打铁用的器具，就有四件是对付用的：第一件是风箱，原是做饭用的半大风箱。第二件是火炉，是在一个破铁锅里糊了些泥做成的。第三件是砧，是一截树根上镶了个扁平的大秤坠子。第四件是小锤，是用个斧头来顶替的——所以打铁的响声不是"叮当叮当"，而是"踢通踢通"。这些东西看起来不相称，用起来可也很得劲。
>
> 他们这次打的是石匠用的钻尖子。钻尖子这东西，就是真的石匠也是自己打的，不用铁匠打——因为每天用秃了，每天得打，找铁匠是要误事的。这东西用的铁，俗话叫锭铁，比普通用的钢铁软，可是比普通的熟铁硬（大概也是某种硬度的钢铁，看样子也是机器产品），买来就是大拇指粗细的条子，只要打个尖、蘸一蘸火就能用。每次要打好几条，用秃了再打，直到用不够长了才换新的。

"不怕三年天大旱，只怕一年不打铁"，这是沁河流域流传下来的一句谚语。

3. 铁器种种

优质的"香煤净炭"，丰富的"铁贱于泥"，二者的结合，便产生了沁河流域发达的手工业铁器产品，尤其是那些与人们日常生活息息相关的生活用品。这是沁河流域的特性，也是它的"特产"。

沁河流域铁制的日常生活用品生产，集中在工商业发达繁盛的润城镇。各村生产不同的产品，有序而不冲突，简直就是一个约定成俗的生产链。"润城茶壶刘善鏊，安阳砂锅蒿峪笼"，这是至今流传在沁河流域的说法，也是一个基本的事实。

润城茶壶　人们日常泡茶所用的茶壶，现在多见的是陶制品或者是铝制品，而在过去相当长的一个时期，铁制的茶壶大概更为多见。润城的铁制茶壶，早在明清时代已闻名于世。相传润城茶壶曾经受到皇帝的封赏，人们又把润城壶叫作"带照壶"，那是在强调润城壶带有皇家的护照。多么高贵的铁制茶壶！

润城茶壶最大的特色是皮薄轻便。铁制的产品比起铝制品和陶制品而言，大概都要重了许多。能够用铁质的原料打制出薄薄的茶壶，本身就需要高超的手工艺技术。在山水相连的沁河流域，在鳞次栉比的大小商铺，在各家各户的厅堂卧室，甚至在城镇农村的会所公所，人们围坐在小小的烘炉旁，烘炉上放置着轻便的铁制润城壶，烘炉中燃烧着兰花炭，青蓝色的火焰不断蹿出，谈天说地，家长里短，那是一种何等惬意的日常。润城茶壶还有一个特点，是它的腰身粗细适中，讲究外观的形态美，壶嘴嘴小巧而秀美，让人一看便生喜爱。将盛水的润城壶坐在烘炉上，壶中即发出"吱吱吱"的鸟鸣声，待水至沸腾，鸣声渐渐息消，似乎有点像我们今天日常所用的电热壶。

明清时代，润城茶壶已经名声在外。有记载说，民国年间，润城茶壶年产量是20万把。20万，就相当于我们今天一个中等县的人口规模。新中国成立初期，润城壶的年产量曾经达到30万把。在山环水绕商业繁盛的润城古镇，来自四面八方的客商熙来攘往，讨价还价，驴驮肩担，把润城壶同样带到了四面八方，带到了城镇乡村千家万户。

刘善鏊　与润城隔河相望的是刘善村，与润城壶齐名的是刘善鏊。

鏊，又称鏊子，是用来烙饼的炊用器具。从来北方地区都有吃烙饼的习惯，也有"家家支鏊子，户户烙煎饼"的说法，鏊便成为日常生活的必需品。

刘善村制作的鏊为灰铁铸件，形状为圆形，中间向上拱起。一般直径一尺二，下面有高30毫米的三角。刘善鏊制作精细，和润城茶壶一样皮薄轻巧，每只铁鏊仅重3斤，使用非常方便。刘善鏊最大的特点是透气性能好，烙饼时即使鏊上不用油，面饼也是嫩黄而不焦，饼子吃起来香脆

鏊子

可口。由于皮薄，刘善鏊用起来省工节炭，随烧即成，在不缺煤炭的沁河流域，几乎家家户户都备有刘善鏊。

刘善鏊的销路主要在河南，这是因为沁河而下，河南最为便捷，河南又缺少煤炭，皮薄节炭的刘善鏊自然受到当地人的青睐。民国时期，刘善鏊年产量在25万张，20世纪50年代曾经达到年产30万张。有制作刘善鏊的老工人回忆说，新中国成立前夕，阳城县曾在河南博爱一带成立贸易货栈，专门销售刘善鏊，如此这般依然供不应求，甚至许多河南客商北上来到刘善，驻地催货，甚有亲自来到炉边，指堆订货者。

安阳矸锅　安阳村制作的铁质矸锅，原名本叫钱锅。原来，民国以前，这里生产的小矸锅，一口只卖一钱银子，又由于"钱"与"矸"当地人说出来谐音相合，所以民间也叫钱锅。矸锅在沁河流域还有一个名字叫罗锅，只因其锅形似罗而已。

矸锅是民间百姓用来熬菜汤和熬稀饭的民用炊具，在盛产小米的沁河流域，矸锅就是必备的家常炊具了。安阳的矸锅具有口子齐、肚子圆、盛水多的特点，皮薄、耐用，又节省燃料，所以很受农家的喜爱。安阳的矸锅又分两种：一种叫作张锅，有脚有边，一般供本地使用；另一张叫作伯锅，无脚无边，却有盖子，一般是外销他地。

安阳的矸锅生产，至迟在清代初年或更早的时期。矸锅的制作很费工时，成品率也比较低，一般都是作为其他铁制锅货的附属品，生产的数量比起润城茶壶和刘善鏊来要相对为少。抗日战争前夕，安阳矸锅年产量在两万三千多口，除了少数在本地销售外，大多行销山东和河南。如今，市场上虽然很难见到安阳矸锅，但仍有一些怀旧的人们到此专门定制订购。

蒿峪蒸笼　蒸笼是比茶壶、鏊和矸锅更为普遍使用的民间炊具。在我国的北方大部分地区，用来蒸馒头和其他食品的炊具就是铸铁蒸笼，而南方地区应该多数是竹制的蒸笼。在沁河流域的阳城县，蒿峪、美泉、安阳、义城、尹家沟、八甲口等村，都有制作蒸笼的历史传统，而蒿峪的蒸笼最为有名。

蒿峪蒸笼

蒿峪制作的蒸笼素有"子口严合不漏气，蒸食快熟不走味"的特点。子口不严，或者上下不那么"严丝合缝"，四处冒气，不仅用时过长，而且蒸出来的食品口感较差，味道不正。蒿峪的蒸笼真叫个"子口严合"，有人曾做过实验，将5个蒿峪蒸笼圈套在一起，横放于地面，再用脚用力一踢，只见5个蒸笼滚动向前，5米之内滚而不散。

蒿峪制作蒸笼大约是在明代初年，相传一位郑氏洪洞大槐树移民最早到此开炉铸造蒸笼。清至民国年间的鼎盛时期，蒿峪年产蒸笼400余吨。村人农忙耕作，农闲时从事蒸笼的生产，"设炉熔造，冶人甚众"。

蒿峪的蒸笼分单层和多层，并有高盖和底盖之分。蒸笼的型号有尺2、尺4、尺5、尺6和尺8等5种，其中以一般家用尺4和尺6为主。生产的工序十分讲究，一般会有化铁水、做模态、浇铸、编货四个程序。炉、风箱、大钳、小钳、吹筒、剪刀，等等，生产工具需要几十种。正是这样精细复杂的工艺，才成就了蒿峪蒸笼的良好声誉和市场需求。20世纪80年代的蒿峪蒸笼，已经达到了标准化的生产，实现了产品互换的要求。无论新近购买，或是十多年前购买的蒿峪蒸笼，都可以根据不同型号单独配换。

4. 犁镜

无论是在欧洲还是在中国，用来耕作翻地的犁都是最主要的农具之一。早在商代，中国人就开始使用耕牛拉犁，不过，那时候的犁铧以石质为主。战国时代，随着铁器的广泛使用，铁制犁铧逐渐替代石质犁铧，大大提高了耕作效率。如今，虽然像拖拉机这样的现代机械已经广泛使用，但传统的犁在农业生产中仍然不可或缺。

中国传统使用的犁分为犁身和犁铧两大部分。犁身是犁的上部，更多的为木质，也叫辕，经过了一个由直辕犁到曲辕犁的改进过程。犁的下部由犁铧和犁面组成，最底部的犁铧，略呈三角形，是用来翻土的铁器；犁铧的上方有一个零件，就是犁面了。它是一个铸铁的弯板，其作用就是把犁起来的土翻在一边。

阳城制造的犁面是我国农具中的名牌产品，由于其光洁如镜，所以被人们叫作犁镜。又由于其历史悠久，工艺精制，行销量大，为农业生产做出了可贵的贡献，因而在2006年就被列入首批国家级非物质文化遗产名录。

关于阳城犁镜的生产历史，志书中至今没有找到任何记载，但从对犁镜生产遗址的考察中可以得知，阳城犁镜的生产最早可以追溯到春秋战国时代，距今已有2000多年的历史。从地理区位上来看，阳城犁镜的产地主要分布在阳城南部山区方圆500多里的三窑、桑林、西交、横河、李圪塔、东冶等地，其中以三窑、桑林、东冶三地最为有名。民国《阳城县志》记载说，那个时期，县府曾在横河专门设有犁镜局，用来负责犁镜的生产和管理。

然而，阳城犁镜在一个相当长的时期内，却由河南济源人来组织和经营，这是犁镜生产经营中一个很有趣的事情。为什么阳城犁镜由济源人来经营？我看不外这样几个原因：一是阳城与济源紧邻，来往密切。阳城在太行山北麓，济源在太行山南麓，历史时期济源就是晋国属地，明代初年大量山西"大槐树移民"迁往济源，至今济源的方言许多不像河南话，反倒是晋语方言的一部分。二是阳城南部山区具有制作犁镜的丰富自然资源，一个是丰富的矿产资源，一个是丰富的森林资源。犁镜的生产需要大量的木炭，阳城有这种得天独厚的条件。三是阳城南部的"山里人"多有利用冬闲伐木烧炭的传统，他们往往将烧好的木炭卖到邻近的济源，阳城成了济源的木炭供应地。四是也许济源人从南方学会了制作犁镜的技术，或有一说认为济源的犁镜技术就是从泽州学来的，这些都不得而知了。久而久之，聪明的济源人逐渐认识到这样一个道理：犁面生产所需的木炭和矿石基地既然在紧邻的阳城，将原料从阳城翻山运到济源，成本过高，交通不畅，又是那样的辛劳，何不把生产的基地搬到阳城而非得舍近求远呢？由此，掌握生产技术的济源人在阳城桑林等地开辟了犁镜制作的基地，阳城的"山里人"则继续着采矿、烧炭、运输的劳作，只不过不用到路途遥远的河南济源，而在自己的地面上就可以营生了。

犁镜的生产需要消耗大量的木炭，木炭的烧制又需要消耗大量的木材，生产犁镜的火炉每年不知要烧掉多少山里的森林木材，当地人把犁炉称作"吃山虎"，甚至有当地官绅社首出面禁止开炉造镜的事情发生。现存阳栢大庙中的《邑侯征大老爷禁止烧木打窑碑记》云：

> 吾析城之南，名曰杨柏，居民鲜少，石广山多，田稀于寡，人皆开山耘石而食力，采樵负薪而为炊，并无烧炭之窑厂，物力维艰，诚苦不胜言之地也。同治四年，河南行商在附近之处开设犁炉，且用木炭，并非寻常，居民惟希蝇头之利，不顾心腹之患，山穷水尽，不但无梁檩之材，更且悉烧烟之忧。值年社首原太合等以深忧，会同耆老，公恳鸣官。蒙邑侯仁慈恻隐，尝示勒石，永远不许打窑烧木。

犁镜的生产，砍伐了无数的森林树木，当地社首视之为"山穷水尽"的"心腹之患"，开炉禁炉之争时张时弛，犁炉数量时增时减。明清之际，阳城犁镜生产兴旺，犁炉近百家，年产70多万件；清末阳城每年生产犁镜20多万件，且多数运销外地；抗战前全县仅犁炉3家，年产已不足6万件。

新中国成立后，阳城犁镜生产步入了稳定增长的状态。1949年，全县有8个专门的犁炉生产合作社，犁炉72座，年产26万余件；1954年，年产31万多件；1963年年产达到近47万件，产品种类140多种，20世纪70年代初期，年产在60万件左右，基本恢复到最盛时期的生产水平。

阳城犁镜的生产技术经过了一个由传统到现代的转变，生产的格局也经过了一个由封闭独断到开放融合的过程。过去的犁炉是形似灯罩的冶金小高炉，鼓风设备是小风箱，模子式样较少。现代的犁镜制作可以用鼓风机鼓风，模型最多达到几百种。相传，过去犁镜的生产工艺被五个不同的地区独行独断：铸造犁镜特用的矿石和木炭是阳城南部山区的独行；制作模型的是阳城上芹村李氏的独行；制造犁炉升火用的风箱是晋城南村李氏独行；制炉铸镜技术为河南济源东徐村郑、史、段三姓独行；出售产品的是河南怀庆府（今河南沁阳）的独行，故而，一直以来，人们只知道怀庆府的犁镜而不知有阳城犁镜。就像传统的手工艺技术一样，五家犁镜独行各藏绝技，互不外传，似有一点神秘的色彩。只是到了清末民初时期，犁镜的制作才打破了独行独占生产工艺的格局，得天独厚的阳城人掌握了全套的生产技术，阳城才成为名副其实的犁镜产销地。

犁镜是阳城的一个名片，也是沁河流域丰富的自然资源赋予的名片。试想一下，种类多达几百种的阳城犁镜，不仅有适于沁河流域山地农业的犁镜，也有适于南方水地生产的犁镜。据说江苏淮安一位蒋氏老汉，每次使用阳城犁镜后，总是用布料将其小心翼翼地包裹存起，以便再次使用这"特别省力气，每天用它还可以多耕三分地"的宝贝。阳城的犁镜还曾远销国外，朝鲜、尼泊尔、印度、日本、菲律宾等地，那里的农人都曾用阳城的犁镜翻耕自己的土地，享用着带有阳城犁镜气味的食品。那是一种农业技术的流动，也是中外文化的一种流动。

五、商业纵横

沁河流域商业发达，它不仅有众多的富商巨贾，更有林立的商业集镇。沁河流域的商业又与本地的地理条件和自然资源紧密相连，茶壶、砂锅、蒸笼、黄丝、丝箩、抄纸、琉璃、草帽、簸箕，种种件件，无不带有沁河的韵味和太行的风姿。致富之后的沁河商人，并没有一味地窖藏货币，强化村社、建校兴学、架桥铺路、扶助贫困，是沁河商人的优秀品质。与晋中平原的祁、太、平商人相比，沁河流域的商人可能经历了更多的艰辛，沁河流域的商业更有其本土化的浓厚色彩。

沁水古门

1. 商路漫漫

道、路、驿、关、津、桥等古已有之的名词到现代演变为大交通的概念，也是一个交相通达、渐变渐进的过程。古时无交通，老死不相往来，大体就像陶渊明在《桃花源记》中讲的那样"阡陌交通，鸡犬相闻"。随着商品经济和人流物流的扩展，互通有无不仅成为可能，而且成为社会发展所必需，交通就这样渐次发展起来。

　　沁河流域多山多水、沟壑纵横，传统时代确实属于那种交通十分不便的地区。蜿蜒崎岖的羊肠小道中走过的行人牲畜，行人牲畜拖带着特产农产，特产农产流向四面八方，从四面八方又带回生产生活必需品，这样的情景大概就是沁河流域早期交相往来的方式。所以，早期的道路也就是沁河流域的商路，从羊肠小道到公路铁路，道路漫漫，商路亦漫漫。

　　我们不该忘记，沁河流域除了漫山遍野的羊肠小道外，还有自上而下布满沁河两岸的津渡。

　　沁河自沁源县发源，流经安泽入沁水县境，自沁水郑庄而下，两岸峭壁，谷深流曲，将沁水、阳城两县自然分隔为河东河西。沿河两岸，民众大多选择水流较为浅缓之处设置渡口，冬春枯水季节搭架木便桥，夏秋水盛季节则以木船摆渡，所谓"夏有渡船，冬架浮桥"，行人货物，往来不断。

　　清代，沁水县明确有记载的渡口有郑庄、窦庄、刘庄、武安、韩王、

嘉峰镇刘庄古堡

王壁六处，之后经过民国时代的进一步发展，新中国成立前仍有大将、王壁、石室、郎壁、郑庄、南大、中乡、上韩王、下韩王、樊庄、坪上、窦庄、郭壁、刘庄、殷庄、嘉峰、武安等十余处。阳城县在清代有官办津渡三处：河头、刘善、王村，民办关津有上伏、阎家等多处。20世纪50年代，县府曾设立专门管理渡口事宜的渡口委员会，此时尚有望川、上伏、王村、刘善、河头、阎家、赵户、磨滩等渡口十余处。

沁河入黄处

"沁水河边古渡头，往来不断送行舟"，旧时沁河水量很大，两岸二十多处渡口，是乡民外出和商旅远足的出发地，也是商品流通和日常交往的聚集地。沁河流域的蚕丝、犁面、蒸笼、茶壶、矸锅、抄纸、陶瓷、药材，等等，以此输出，太行山之外的布匹、粮油、铜器、百货又从此处输入。规模不是很大，功能却相当齐全的渡口，不知承载了多少人流和物资，也不知承载了多少伤痛离别的故事。

津渡和桥梁相连。古时，沁河两岸人们过河往来，主要依靠涉水跨壑搭建的小木桥，也就是在两岸安放木马，排搭圆木，然后铺上一些茅草，再垫上土石，简单易行的小木桥便可通行。或者也有一种用木板搭成的小桥，叫作板桥，也可供人畜行走。修建桥梁的时间要晚一点，但沁河流域至迟在明代已有桥梁的出现。阳城县现存就有明代桥梁四处，至今依然可以行走：嘉靖年间阳高泉村的顺羊桥；万历年间润城村东的通衢石桥；芹池刘村的石拱桥；演礼栅村的石拱桥。如今，沁河流域架起了多处公路桥，沁水境内有杨河桥、五一大桥、小河西桥、张峰桥、潘庄大桥、东大桥、八里桥；阳城境内有沁河桥、东河桥、八甲口桥、涧坪桥、芹池桥、町店桥、户门口桥、吊猪崖桥等。公路桥的建设大大提高了承载量，节省了跋涉行走的时间，但那些古渡口的板桥和小木桥，仍然顽强地留在沁河流域民人的记忆中。

水运是古代运输最为有效的方式，河流是最主要的交通要道。如果说，自然形成的沁河为沁河流域两岸提供了天然的交通便利，那么，在沁河流域的千山万壑中，道路及商路的开发则有一个漫长的艰辛过程。

沁河流域的西部与河东地区毗邻，两地的交通早在春秋时代已经开通。位于今沁水与河东翼城交界处的乌岭自古就是政治军事要冲。据载，早在春秋时代，乌岭就成为诸侯各国会盟之地。《穆天子传》里说，周穆王驾八骏巡游天下时，就曾经过乌岭，距今已经近3000年了。晋成公时代，诸侯商议讨伐位于山东的莱国，也曾在此进行军事会盟。后来，晋厉公奉周天子诏，出兵讨伐郑国又在此会盟。三家分晋前夕，赵鞅会盟诸侯各国于乌岭，随后灭掉晋国的范氏、中行氏，进一步扩大了赵国的领地，为三家分晋奠定了基础，乌岭实为春秋时期的重要战略要地。这个乌岭实际上是沁河流域和河东地区的分界线，位于沁水县境的部分叫作东乌岭，而位于河东地区翼城县境的部分则叫西乌岭，"两山对峙"，咽喉之地。

乌岭不仅是交通要道、军事重地，而且风景极其优美。此地山势高峻，松柏青葱，云雾缭绕，落花如雪。"乌岭堆云"是古代沁水十景之一。明人何景明曾作《乌岭堆云》诗曰：

岭树蔚蔚云深深，青山无雨云自阴。

云山日夕千变化，青山有色云无心。

山翁久伴白云住，家在白云最深处。

岭头日暮锄云归，破笠轻蓑冲雨去。

好一派云去云来，山翁悠闲的诗情画意！

沁水东南有傅齐岭，两山对峙，一高一低，犹如夫妻相望，民间又叫夫妻岭。从乌岭会盟的史实中可以推断，夫妻岭是晋侯与中原、山东诸侯会盟的必经之路，这一连接沁水与阳城、晋城，以及中原地区的道路在春秋时期已经开通。

在沁河流域阳城境内的西部，从阳城县城出发，经过南大河、董封、索泉岭，出东哄哄、西哄哄进入河东地区的垣曲县，也是一条重要的商道。东、西哄哄属今阳城县之横河镇（董封乡），位于历山脚下沁

老马岭关遗址

水、阳城、垣曲三县之交界处，历来"山径崎岖，行人多苦"。民国元年（1912），垣曲张应麟调任阳城知事，以此路艰难，民多不堪其苦，力主必修此路。因而会同垣曲知事"凡两县毗连险峻之地，各以疆域，率众工作，不数月而蚕丛乌乌，化为坦境"。民人以"此路张公之功德也！"刻石铭记。

沁河流域的东北部毗连今高平市，上达上党地区，也就是今天的长治市，这是沁河流域通往上党和河东地区的必经之路，也是一条重要的商贸大道。

沁水县东150里有老马岭，位处沁水、高平交界处。此地山高林密，地势险要，但早在战国末年，秦国军队就越过老马岭而下长平，说明至迟在战国时代已有大道相通。唐代移泽州治所于沁水之端氏，端氏成为泽州五县的政治经济文化中心，端氏与高平及上党地区的联系已经十分紧密。然而，由于老马岭位于两山之间，地处偏僻，常有盗贼出没，历来为地方头痛之事。明万历年间，泽州知州贺圣瑞说，此地"盗贼之渊薮，行旅之陷阱也。取货如寄，积骨如丘，咫尺之地，不复有王法"。由此"余乃会两县，相地度形，请之当道，议设城堡，为安旅之计"。

沁水县境东北部又有雕黄岭，是为沁水与长子之界山，也是河东地区经过沁水通往上党的咽喉。元世祖至元年间，河东地区遇到大旱，朝廷欲调上党地区的粮食救济河东，又苦于路途遥远，遂劈山开石，运石架桥，开通了雕黄岭，使上党的粮食源源不断地经雕黄岭运至沁水，再运往河东。由上党经沁水到河东的通道更加便捷。

明清时期，沁河流域商业进一步繁盛，商道已四通八达。按阳城县政协文史委编写的《明清时期的阳城商道》所列，除驿路官道外，由阳城县城出境的道路主要有七条；未经县城出境的道路主要有五条；另外还有两条最为繁华的商道：一是由河南清化（今河南博爱）上太行山，自晋城周村入境，经商业重镇润城、刘善、孔寨、蒿峪、町店、刘村至沁水、再通翼城方向的商道。二是经润城、上伏、屯城顺沁河北上到安泽、再到晋中祁县、太谷、平遥三县方向的商道。正是通过这些重要的商业通道，沁河流域丰富的物产才得以输送到大江南北，大江南北的各色物品才得以在沁河流域销售流通。

谈到沁河流域的商道，不应该忘记至今沁水、翼城两县津津乐道的"烟火要道"。这条"烟火要道"为古时沁水盛产煤炭的硖沟通往翼城东部的煤炭大道，翼城人叫作"东中大路"。1926年《代邢风冈知事拟修翼中东大路碑记》载："翼东中大路，俗称'烟火要道'。东沁、西沃、北浮、南绛，煤炭车马多经于此。自明代巡按史公学迁劈斯路径，迄今三百余年，未之或修。"说的是，"烟火要道"为沁水、曲沃、浮山、绛州等地运煤必经之路，然自明万历年间，翼城人史学迁主修"烟火要道"后，到民国年间300年一直未修，此次重修"烟火要道"，与沁水之杏河古道相接，道路更为畅通。

在沁河流域四通八达的条条商道上，明清以来一直活跃着一支骆驼帮，也就是用骆驼运载商品货物的商队，这或许是现在人们难以想象的。我们知道，沁河流域交通不便，距离水路遥远，整个商务活动的开展，除了短程的畜拉人挑外，长途的贸易便主要靠骆驼帮。沁河流域茂密的草木为骆驼的生长提供了天然的养料，骆驼帮顺势而生，成为长途跋涉的便捷工具。根据有关调查，明代沁水就有七个骆驼帮。清代崔氏曾在沁水城关办有骆驼场，一面专门养殖骆驼，一面接纳过往驼帮，生意十分兴旺。正太铁路通车后，崔氏骆驼场进一步扩大。之后，同蒲铁路建成后，沁水的物资产品多由骆驼帮通过翼城向晋南、晋北、陕甘宁等地输出，甚至远达俄国和蒙古。沁水城东则通过骆驼帮由端氏集中向晋城、润城，再向河南的济源、安阳、洛阳、河北等地输出。

阳城县的刘村也是骆驼帮南来北往过路歇脚的集中地。刘村也有规模很大的骆驼场，最大的为李氏占地七八亩的骆驼场，过往的驼帮少则几驼，多则数十驼。

在明、清、民国500多年的历史中，骆驼帮是沁河流域商品流通的重要载体。

2. 集镇林立

位于沁河中游的沁水、阳城两县，从地理环境、产业结构、生产生活方式等方面来看，都是一个相对完整的区域，新中国成立以后，两县一度合并为"阳沁县"。沁水、阳城两个县城，其作为县治的历史也比较久远，更早的端氏则在春秋时代就成为侯国国都，此后近千年都是泽州五县的政治文化中心。

除了沁水、阳城两个县城，还有更早一点的端氏而外，沁河流域经济、商业、文化最为繁盛的地区就是星罗棋布的集镇了。相对于那些数不胜数的太行山间的散村和小村而言，各地林立的集镇，不仅是地理优越、人口稠密、经济发达中心地，而且是商业繁盛，商品流通的集中地。

郭壁　"金郭壁银窦庄"，这一金一银，是沁河流域对财富聚集的郭壁和窦庄的美誉，也是一种由衷的赞叹。如果说窦庄的夺人眼球之处在于它那最早屹立在沁河岸边的古城堡，那么，郭壁的声名远扬则在于它"日进斗金"的繁华商业。

郭壁的历史很是悠久，大约沁河流域自有人类活动起，就有了郭壁这个村庄。郭壁又分郭北和郭南。明清时期，随着人口数量的增加和社会经济的发展，郭壁已经被人们普遍称为郭壁镇了。明代隆庆年间韩可久《重修府君庙神祠记》里说："郭壁镇，去县东百里，居民数百家。"居民数百家，若按每户5口计，人口总数至少有数千人。是的，如果我们伫立在沁河东岸向对岸这个依山而建的古镇望去，仍然可以看到鳞次栉比的明清古建筑群。两岸相通的古渡码头、逶迤连绵的环村城墙、古朴的城郭驿道、典型的商宅官邸、恢宏的寺院庙宇，更有那沿街大大小小连续5里的商业店铺，这一切都在默默地诉说着金郭壁昔日的辉煌。

是的，郭壁在明清时代确是沁河流域的一颗明珠。端氏、郭壁、武安，此为这一带10多公里范围内的三大商业集镇，而郭壁又得天独厚地处在端氏和武安之间，商业上是一个沟通上下的桥梁。清末民初，郭北郭南两村相接，形成一条贯通南北的5里长街，东西两边店铺林立，人潮如流，你来我往，熙熙攘攘。除了四面八方民人逢集赶会的频繁交往外，晋城、上党、河东、河南、河北等地的客商常年往来不绝，交易不绝。因而，郭壁又有"五里金郭壁""日进斗金"的名声。

中村 位于沁水西部60华里的历山脚下，有一条中村河，两岸土地肥沃，经济发达，村庄稠密，其中的中村是沁水西部的一个重要村镇。古代中村寺庙林立，有所谓"三堂四阁五大庙"之说，其中的中庙是舜庙，据说是沁水境内规模最大的舜庙。

中村一带矿产资源丰富，明清时代，中村、石井沟、柳沟、南河等地有很多商号经营冶炼业，"匠工广众，以光照天，鸟兽之客以消，而业财之事以起"。说的是本地从事冶炼的工匠甚多，炼炉火光冲天，以致鸟兽四散匿迹，老百姓有了生财之道。后来，由于炼炉林立，砍伐树木森林，严重破坏生态环境，多商号曾刻石立碑，"集众共议，严禁炉厂，立止斧斤"。

中村又是沁水西部冶炼产品的集散中心。出冶炼最旺的石井沟西北行，顺中村河出沁水，西北可达平阳诸郡，西南可达河东诸州县，矿产丰

南阳寨门

富，道路畅通，成就了中村这一重要村镇。中村有一条著名的旧街，街道两旁店铺林立，经营的商品除炉号以外，林林总总，无所不包，至今当地民人谈起无不惊羡赞叹。

南阳 出石井沟往东南行，经过柳沟，顺着南阳河便可到达南阳，再顺河而下，过可封即出沁水到阳城。东行到泽州，北行到潞州，沿沁河而下便是河南，这是古时沁水的另一条重要的商路。

中村一带以冶炼闻名，南阳一带则以丝绸闻名。在南阳一带，至今民间流传着这样一首歌谣：

> 南阳风物好，黄丝宝中宝。
> 百姓多栽桑，喂蚕度时光。
> 有缕做衣裳，赛过太上皇。
> 制出丝与绸，商界作交流。

以南阳为中心的周边山区居住着上万植桑养蚕的蚕农，他们家家养蚕，户户缫丝，多以养蚕织丝，贩运黄丝为业。南阳最有名的王家甚至把黄丝贩运到河南的洛阳、偃师一带，山西境内的河东、平阳、泽州、上党地区，甚至河南、湖北、陕西、甘肃的商人也源源不断地来到南阳购买黄丝。据说，清代南阳就有人口2000以上，村内留人起火店10余处，每天多有南来北往的丝绸商人投宿住店。南阳真是一个蚕桑之镇，我们今天津津乐道的古代"丝绸之路"，难道没有出自沁河流域南阳的黄丝？

润城 沿沁水而下的阳城县，历来有四大集镇之说，这就是润城、刘村、董封、东冶，润城无疑是沁河流域最为繁华的工商业重镇。

今天的润城镇以其独特的"坩埚墙"（又称"蜂窝墙"）吸引着四面八方而来的游客，殊不知，润城历史上更有名的是它的冶铁业及其铁业集散的"冶铁镇"。其实，"坩埚墙"本身就是润城铁业发达的一个写照。

早在魏晋南北朝时期，润城已经可以炉炼生铁和熟铁，至今润城尚存的铁钟、铁佛、铁狮、铁牛等铁器工艺品，均为本镇著名的冶铸世家栗氏所造。润城周围由于矿产丰富，也有几个有名的冶铁村庄。与润城隔河相望的刘善村，以铸造民间日常用以烙饼的鏊子而闻名，世间多以"刘善鏊"称之。润城东北不远处，原有一条松柏葱郁的"黑松沟"，当地民人在此建炉炼铁，夜间也是火光冲天，炉火如昼，"黑松沟"演变为"火龙沟"，又因为冶炉甚多，渐成村落，出现了一个"白巷里"村。可以说，以润城为核心形成了一个沁河流域的冶炼中心。

润城不仅是一个冶炼中心，还是一个各种铁器和百货集散的大商场。此地"居民稠密，商贾辐辏"，往来客商络绎不绝。明清之际润城的"小城河集市"与上党地区的"荫城集市"齐名，成为享誉泽潞和豫北一带的四大贸易中心之一。与润城相邻的贝坡村，现存《贝坡凶荒记》，碑记里讲道，康熙末年此地大旱，而小城河集市却依然十分兴旺，每天有两三千牲口往来贩运各种各样的商品，"自朝至暮，轰轰闹市，扫集儿童三四百名，抓集群众不计其数"。大街小巷开店卖饭者直至夜半三更，周围郭峪、三庄及阳城县城到此出卖桌椅箱柜及衣物者甚多。

依河而起的"河街"在江南地区可谓司空见惯，北方地区的"河街"却是凤毛麟角。润城的这条"河街"由东向西穿村而过，宽30余米，长度达500余米。据说，由于小城河集市规模很大，按照商品的种类分为上集、中集、下集三个区域进行交易，南北两岸水井就有五六处，庄、坊、店、铺、银楼、酒肆、戏台、客栈应有尽有，各占风光。润城的繁华到抗战时期已风光不再，而它的流风余韵却依旧可寻。

刘村 刘村古镇虽然现在只是属于阳城县芹池镇的一个普通村庄，但历史时期却是一个赫赫有名的商业重镇。20世纪40年代，刘村还曾是阳城县五区区政府的所在地。

刘村距阳城县城西北35里，地处芦苇河的北岸，现分为刘东、刘西和槐树三个自然村，作为阳城和泽州一带通往河东地区的交通要道，刘村曾有"晋陕通衢"之称。刘村附近主要以铁、煤、硫黄、陶瓷、蚕桑为名产，主要交易是外运铁货、生丝、药材、火石，内销食盐、麻布等。明清之际，刘村的铁货东运晋城周村，西运河东翼城，烟叶贩自湖北襄阳，白酒来自上党潞城，棉花运自外境，布匹来自远方，药材远行河南禹州，已经是一个名副其实的商贸活动重镇。

刘村镇原有东、西、北三个城门，街面商号林立，店铺密布，盐店、油坊、磨坊、染坊、马房、铁炉、金店、皮革店，等等，一应俱全。店铺一般为传统的前店后宅、前店后坊、前店后栈格局，建筑多为一层或二层砖木结构，具有鲜明的明清风格。农历正月十五和十月初八的两次较大庙会，是刘村镇附近居民及翼城、侯马、长治、长子、高平、晋城、沁水等山西境内的客商，甚至远道而来的河南、陕西商人交易和狂欢的节日。正月十五的庙会开始了一年的商业贸易，人们在此各取所需走上交易买卖的路途，十月初八的庙会则召唤人们喜庆收获，准备回家过年。匆匆忙忙，熙熙攘攘，皆为利来，皆为利往。

董封　董封因春秋战国时代晋国赵氏董安于的封地而得名，是一个在沁河流域早已有名的地方。董封又因地处濩泽河（献河）上游的河谷北岸，是旧时河东地区到达阳城、泽州乃至河南济源交通线上的重要通道。"阳城县出西门，四十五里董封村。董封村里雾腾腾，驴脊梁街一里长"，这是董封古街的形象写照。

董封的长街有1里多长，从西到东，店面铺房比比皆是。兴旺的时候，董封长街的店面多达40多家，其中来自外省、外县、外乡、外村的占到一半以上。董封的集市十分密集，每逢二、五、八便有一天的集市交易，如此每月即有九次之多。可能是民间的贸易多为以物易物，至今董封的老人还能忆起当年交易的民谣：

二斗高粱一头驴，一盒珍珠一盒米。

二升玉米一件衣，一盒黑豆一串铃。

一斤麸面一对镯，一升小米一张锹。

一把圪糁一块玉，一盒绿豆一戒子。

一团酸菜作一揖，一声爹妈一儿女。

董封是热闹的，董封又是古朴的。一盒珍珠换一盒米，一斤麸面换一对镯子，拿一团酸菜作一个揖，叫一声爹妈就认作儿女。这是一种何等的交易！

东冶　东冶位于阳城县城东南25公里处。东临沁河，西接析城山，南与河南济源相通。东冶附近村庄自古就有植桑养蚕的习惯，又因铁矿石资源丰富，历来有采矿冶炼之产业。早在唐代，东冶已是阳城东南较大的村庄，明清时期，更成为物贸交流的重要集镇。据村西头西台寺碑记载，当时即有商号12个，商楼4座，铺面楼房160余间，马厩10余处，共有60余间。这些马厩即是往来客商歇脚喂马的客店，想想马厩就有10多处60多间，足见当年东冶商业贸易之繁盛。

东冶的繁盛，可以从流传下来的歌谣中去体味一番：

> 东冶集镇三里长，店铺门面街两行。
> 关帝庙后开集市，占地三亩不宽敞。
> 本地土产卖余粮，大豆小豆米金黄。
> 河南虽是平原地，多遭水灾多生蝗。
> 背着粗布上太行，买米常到咱集上。
> 清化竹货来上市，名牌簸箕出程村。
> 上等香油产栖乡，豆腐老汉家沁阳。
> 勋掌老苗花红线，庙街尽是好皮匠。
> 本地客人来赶集，担担挑挑卖货郎。
> 高喊张罗缠簸箕，铁货碰得叮当响。
> ……

从这些流传至今的歌谣中我们可以知道，东冶集镇的商品贸易十分活跃，位于关帝庙后面占地三亩的集市仍显狭小。除了本地粮食、特产的交易外，来自河南平原的粗布、清化的竹货、沁阳的豆腐，等等，都成为东冶市场的交易对象。东冶不愧为距离河南最近的一个重要集镇，沁河流域与河南的交易在东冶得到了充分的展示。

沁河流域多水多山，历史时期交通并不发达，功能各异，规模不等的大小集镇是经济文化交流的集聚地，也是沟通农村和城市的纽带和桥梁。除了以上较大的集镇外，沁水的张庄、郎壁，阳城的八甲口、固隆、横河、河北口等，都是历史时期发挥商品交易重要作用的集镇。至于以村为单位，或者方圆几里的小型村集，也就是老百姓平日"逢集赶会"一日可返的"集"，更是星罗棋布，数不胜数。

3. "一村一品"

"一村一品"是现今比较流行的词语，更多的是在官方的话语空间中流行。那意思是官方号召不同的地区应当根据自身的条件"打造"一个品牌产品，有"一县一品""一乡一品"，也有"一村一品"者。我在这里要说的是，旧时沁河流域就有许多依靠自身的资源或传统优势形成的品牌产品，只不过那时还没有出现如今"一村一品"的时髦说法而已。

"润城茶壶刘善鏊，安阳砂锅蒿峪笼"，除了这些历史时期早已名声在外的著名地方产品外，沁河流域还有更多的"一村一品"，正是这些看起来并不起眼，甚至被人们时常忽略的地方特产，才弥补了人们的日常所缺，满足了人们的日常所需。这些产品都带有沁河流域特殊的山水气味，更何况有些也有相当的销路和名声。

尉迟簸箕　沁水县的尉迟村，或因人民作家赵树理的故乡而享誉全国，因唐代大将尉迟敬德而得村名的相关传说却被人们渐渐淡忘。赵树理和尉迟敬德，一文一武，一今一古，实在是尉迟村的两张名片，虽说不能厚古薄今，但也不该厚今薄古。

相传大唐贞观初年，为灭隋兴唐立下赫赫战功的尉迟敬德被朝廷削职罢官后，在沁河岸边一个名叫吕窑上的小村隐居下来。那个时候，沁河两岸柳树成林，尉迟敬德时常利用柳条编制农家日用的簸箕，很受村民的喜爱，渐渐地，尉迟敬德的手艺为村民接受并传播开来，以致编制簸箕成为村民的主要收入来源。为了纪念尉迟敬德，村子后来改名为尉迟村，又在村北修建了"敬德庙"，每年的正月十五被定为编制簸箕的"敬德会"。

赵树理及其父亲均传承了尉迟敬德编制簸箕的手艺，都是这门手艺的能手。在赵树理的多篇小说中，我们也可以在字里行间看到"簸箕"的字眼。"编簸箕有指望，编上簸箕能纳粮。没地不学编簸箕，全家大小受饥荒"，这是尉迟村口口相传流行至今的歌谣。有记载说，光绪三年大旱前，尉迟村参与编簸箕的有150多人，每年编制的各种簸箕3万多件，尉迟村早已被誉为一个"簸箕之乡"。

新中国成立后，编制簸箕成为尉迟村最主要的副业。农闲雨季，家家户户都会拉开架势编制簸箕。簸箕的花样品种逐渐增多，工业所用的簸铁

尉迟村赵树理故居

赵树理墓

簸箕、大簸箕、小簸箕、倒圪碴簸箕，安全帽，农用的大、小面簸箕，甚至磨面用的萝、送饭的圪篓、浇灌的柳水桶、妇用的针线篓，等等，五花八门，一应俱全。尉迟的簸箕不仅销售到附近的安泽、浮山、阳城、晋城，甚至出省销到河南济源，或许济源还要往南。

东大苇席 苇席是以芦苇编制而成的产品，也是农家常用的产品。沁河流域水资源相对丰富，芦苇随处可见，阳城县还有一条有名的芦苇河，许多地方都有编制苇席的传统，但最有名的应是沁水县东大村的苇席。

东大苇席产销最旺盛的时期应该在民国时代，有记载说，1924年，东大村的芦苇地就有近百亩，年产苇席3万余条。抗日战争时期，日本侵略者两次对东大扫荡，芦苇地变成了日本军放马践踏的场所，老百姓至今提起仍多愤恨。新中国成立后，芦苇地重新恢复，苇席的生产量也得到了提高。

东大的芦苇属白皮苇，秆高笔直，骨节又小，皮薄色白，苇质也很柔韧，是编制苇席的上等材料。在东大，可以说家家户户都会编制苇席的技术，男女老少随手都可进行编制。还有就是东大的苇席品种很多，主要是家用的炕席、炉台坐席、床苇席、屯粮席及席篓子，等等。近来又有利用红高粱皮插编各种花纹图案者，美观大方，销路很畅。

东峪草帽 沁河流域一些地势平坦，土地肥沃的地方，是种植小麦的良田。除了收获小麦以外，这些地方的民众都有利用麦秆编制草帽的传统。这种流行甚广的草帽，更多的是在夏天遮挡炙热的阳光暴晒，轻巧简便，用量很大。据说沁水县东峪井沟村村民早在明代末年就有编制草帽的传统，至今已有300多年的历史。

草帽的编制方法较为简单，先是将麦秆根据粗细不等分为几种，然后分别泡入水中软化，捞出来以后即行编制，最后加工缝制成帽。一年四季，一有闲暇，男女老少，均可拿起麦秆随手编制。除沁水东峪一带外，阳城县的北留一带30多个村庄也有编制草帽的传统。

新中国成立后，政府重视发展农村副业，沁河流域传统的草帽编制迎来了一个大发展时期，东峪等地甚至引进机器扎辫，实现了半机械化的生产，使得产量进一步提高。1949年，阳城北留村从事草帽编制的达到300

户左右，年产草帽4万多顶。1983年年产达到5万顶。草帽的品种和式样也更加多样化，有透风帽、大边帽、小边帽、儿童花帽等多种。

沁河流域的草帽以美观实用而闻名，除了少数自用或赠送亲朋好友外，大多分销到邻近各县，甚至远销到了河南和陕西。

提黄小烟 沁河的沿岸，尤其是在沁水县端氏以下的所谓"奥区"，气候温和，土地肥沃，适宜烟叶的种植。端氏、郭壁、窦庄、潘庄、嘉峰等地，历史时期就有种植烟叶的传统。

沁河流域传统时代流行的小烟叫提黄小烟。据说，这种小烟渗有沁河流域特有的土蜂蜜，以及檀香、冰糖、香油、白酒等材料，因而吸食味道芬芳，口感极好，因而人们又叫它"一口香"。提黄小烟还有一个特点是，烟丝细长，色泽金黄，柔软不碎，久放不干，因而很受烟民的喜爱。民国《山西实业志》里记载，那个时候提黄小烟年销售达12820斤，其销售的地域范围也可想而知。

又有材料证明，民国时期沁水县城开设的"茂盛兴""义聚成""谦益号"店铺，都曾经营本地加工的小烟。而最有声望的是端氏"同兴和"烟坊，提黄小烟便为其加工制作而成。如今，香烟纸烟已代替了传统的旱烟和烟叶，但吸烟肯定是历史时期一定人群的生活习惯。

后河土纸 土纸，又叫抄纸，是旧时民间日用的一种粗纸。主要用途是小学生写字、糊门窗及商用包装。抄，也就是将纸浆制成纸张的工艺过程，也是造纸的一个主要环节。阳城县的北留后河一带及芦苇河畔的下孔、小庄等地，是历史时期就有名的抄纸之乡。

阳城抄纸的起始时间虽无可考，但至迟到明代，后河村和下孔村已有专门祭祀造纸师祖蔡伦的庙宇，当地村民视若神明，一年四季香火不断。光绪年间的《阳城县乡土志》记载，"土纸可销二十万刀，一刀值二三十钱"。1945年阳城解放后，印刷厂印制翼钞所用纸张均由后河提供，太岳区机关报《新华日报》所有纸张亦由下孔村提供。1954年，后河和下孔相继成立纸业生产合作社，年产各种纸张多达近百吨。

阳城抄纸制作的主要原料是桑皮，后河、下孔等地桑林茂密，水资源也很丰富，这为抄纸制作提供了两个必备的条件。抄纸制作又是十分辛苦的劳作，主要的过程就有选、泡、压、晒、碾、切、造等俗称的七十二道工序。清人成应时曾作阳城《竹枝词十二首》，其中也有状描抄纸制作之辛劳场景：

> 朔风凛凛雪飞天，担得桑皮芦水边。
> 敲破坚冰成捣纸，纸成能易几多钱。
>
> 晒纸纸围白粉墙，钓鱼高座绿垂杨。
> 芦溪深处田耕乐，不逐行人马上忙。
>
> 溪前杨柳正依依，一代山家掩画扉。
> 只为初晴争晒纸，粉墙人力夕阳微。

町店丝箩 丝箩为加工面粉的工具，呈圆形，一般由罗圈和箩底两部

下孔村村民演示传统的抄纸技法

传统的抄纸工具

分组成。新中国成立前，一般北方地区加工面粉要用石磨，又要用丝箩将面粉和麸糠分开，磨成粗面、细面多种。丝箩成为人们日常必备的生活用具。

制作丝箩的两种原材料——柳木和丝，沁河流域都很丰富，这为丝箩的生产提供了便利。

阳城县的町店是沁河流域集中制作丝箩的地方。清代末年，町店孔家沟村郭义生、郭天宝从河南学得自制箩圈的张箩手艺，回乡后开始游村过乡，肩挑买卖，进而由阳城扩展到晋城、晋南、河南、陕西、河北各地。町店的箩底，最初也是从河南购买。1944年，河南蔡家林父子逃荒辗转来到町店的孔家沟，落脚以后专门从事箩底的生产。1946年，孔家沟以蔡氏父子为主，成立了专门的箩底生产互助组，当年生产丝箩底300多匹，若按每匹可做20个箩底计，可以产出6000个箩底。1958年达到年产丝箩底800多匹的水平。

町店所产的丝箩底大部分都分售到了本地的张箩艺人，箩圈则大多为张箩艺人自制。在广大的沁河流域和太行山间，不时会见到游村串街的丝箩艺人，他们可以根据用户的不同需求，随订随制不同规格的丝箩，用以满足人们的需要。

后则腰琉璃 琉璃俗称绿货，以陶为胎，施之琉璃釉，再入窑烧制而成工艺品。

沁河流域最有名的琉璃世家是阳城后则腰的乔氏。相传琉璃工艺匠人乔氏，明初由陕西辗转来到阳城后则腰村，专事黑瓷和绿瓷的生产。到明代中后期，乔氏琉璃工艺以其品种繁多、制作精致、造型生动、色彩绚丽已享誉省内外。现存润城东岳庙舞台屋顶中央的琉璃脊楼、北京故宫的琉璃狮子、阳城开福寺献殿的兽套、阳城城内汤帝庙献亭的鸱吻、阳城县城东关关帝庙的琉璃照壁、阳陵村寿圣寺的琉璃塔、海会寺舍利塔上的琉璃构件、西刘村府君庙的琉璃照壁，还有那数量可观，品类繁多的多处琉璃葬品，等等，均为后则腰乔氏所造。

乔氏琉璃的制作工艺因其烧造技术不得外传，只在乔氏家族中一脉相传，因而一直保持着别无二家的优势地位。从现存制品来看，自明代初年

后则腰村现存的清代窑址

精美的乔氏琉璃制品

开始，明成化、嘉靖、隆庆、万历年间，清代乾隆、嘉庆、同治、光绪年间都有著名的乔氏琉璃工艺匠人留下英名，真可谓人才辈出，薪火相传。20世纪50年代，以老艺人乔承先为代表生产出的狮子、麒麟、鹦鹉等后则腰琉璃制品，还曾远销香港和新加坡，深受海内外同胞的欢迎。

　　一个炎热的酷暑天，"沁河风韵"学术工作坊的同人赶来考察后则腰村，已经废弃的窑址依然可见，热浪袭人的烧窑正在运作，库房里堆满着一排排准备运往四面八方的砖类、瓦类、兽类、仙人类、色条等琉璃制品，乔氏的后人仍在精心地传承着这一悠久而辉煌的民间工艺，乔氏琉璃仍然是沁河流域被啧啧赞叹的精品。

阳城瓷罐　后则腰除了生产乔氏琉璃制品外，还可以生产瓷罐。这种瓷罐以本地优质坩土烧制而成，除后则腰外，演礼、上芹等地也有生产，通常叫作阳城罐。

阳城罐一般呈圆瓮形，外表粗涩，以利吸热。罐内涂釉，光滑而绝缘，是一种特殊的耐火陶制品，可以承受1000度以上的高温。阳城罐又分子母型和单体型，子母型开始时用来炼丹，后改制为提炼硫黄的工具；单体型的用途主要是炖肉，因而有淋药罐、硫黄罐、炖肉罐等不同名称。

淋药罐又叫灵药罐，是古代升药炼丹的工具。阳城淋药罐以本地黑、白、红三色坩土为原料，按照一定比例配制，耐火度非常之高。四川、广东、广西、云南、贵州等地大药厂都曾争相订购阳城淋药罐，香港、澳门及海外华侨也曾函购此货，一时有供不应求之势。

硫黄罐俗称天地罐，是炼磺生产的工具，虽然由于现代技术的使用，传统的硫黄罐在沁河流域已不再生产，但也曾是阳城罐的一个主要产品。

民间使用最多的是阳城的炖肉罐。炖肉罐又称熬肉罐，是一种单体瓷罐，上面加盖中空圆盖。生肉放在阳城炖肉罐，经过十多小时的熬煮即可食用。阳城罐炖出的肉食，香甜可口，既软又绵，而且可以长期存放，很受一般用户欢迎，销路较淋药罐和硫黄罐更为广泛。

水村糖饴　糖饴是以高粱、玉米、小麦、大麦、粟等淀粉质的粮食为原料，经过发酵糖化而制成的食品。虽然如今人们为免得糖尿病之类的疾病已不再多吃此类食品，但它仍然是生活中必需的食品。在旧时的农村社会，糖饴甚至是一种较为稀缺、孩子们整天哭哭嚷嚷想要吃到的好东西。

沁河流域的糖饴最有名的是阳城水村的。水村制作糖饴的原料主要是本地生产的玉米，兼用小米和小麦。制作的方法是用玉米芽和玉米圪糁先熬成糖稀，再熬成汤，最后拔糖加工而成糖饴。水村的村中央，有一口水源充足，水质又好的水井，水村糖饴用水全赖此井。

水村糖饴的制作时间集中在秋季到春节前，这个时候秋登冬藏，玉米从地里收回到家里，又是一年四季的农闲季节，正是制作糖饴的时机。抗战以前，水村最多有30多家糖房，50多口制糖的大铁锅，几乎家家户户都会制糖，男女老少都在参与，一街两行到处飘溢着甜甜的熬糖香味。

水村糖饴制作的高手辈辈相传，层出不穷。糖饴的种类也是多种多样，有芝麻糖、芝麻罐糖、棍棍糖、板板糖、玉谷糖、糖瓜、芝麻片糖等名目。水村糖饴由于水质很好，吃起来香甜利口，醇厚味美，因而很受人们喜爱。明清以来，水村糖饴已誉满华北，每年冬季，都有来自晋南、晋东南、河南、陕西、山东、安徽等地的客商络绎不绝地来到水村，再把水村的糖饴运到四面八方。糖饴是水村人的骄傲，水村糖饴也成为山西省的非物质文化遗产保护对象。

4. 商家多多

明清以来，山西以晋商而闻名。如今提起晋商，人们知道最多的是晋中地区祁县、太谷、平遥的票号商人，沁河流域的商人却很少能说出个子丑寅卯来。殊不知，与晋中的商人较起真来，沁河流域的商人无论在经商开始的时间、商路开拓的范围、商品经营的种类、商业资本的投资等方面，都是毫不逊色的。我在这里要特别强调的是，沁河流域的商人更多的是利用本地丰富的煤铁和蚕桑资源来经营自己的事业，其中出现的商家大族、富商巨贾也是赫然挺立，在在多有。

郭峪王家 郭峪王氏家族是沁河流域久负盛名的商家大族。王海、王重新父子明清两代经商致富，"赀雄邑中"，康熙时期大学士同乡陈廷敬称王重新为"吾乡布衣鼎富"。

王重新的父亲王海，早年随从其父在河南经商，后"贾于燕梁诸土"，不幸英年早逝。重新"七岁而孤，十四岁即挈父遗橐行贾长芦、天津间"，"贾不数岁，以赀雄一方"。王氏经商主要是将长芦、天津等地食盐、粮油、布匹运回沁河流域，而将本地的煤炭、硫黄、铁货、成丝运往外地。各地所设店铺、运输所用马队，"其所用人无虑千数百指"，据说在天津，王氏家族的店铺就占据了整个一条大街，足见其财富之雄厚。

明代末年，沁河流域战事频仍，为求自保，王重新捐银7000余两，主倡修建郭峪城。固若金汤的郭峪城在他的主持下仅用了10个月时间就顺利完工。后来，王重新又独自修建了堡中之堡的豫楼。这个至今屹立在沁河岸边的防御碉堡，是当年沁河流域众多河山楼中最为耗资和威武的建筑。

郭峪东面的宝泉寺为重新父亲王海所建，重新后来花费2100两白银重修；郭峪南侧的海会寺，重新捐银600两重修山门；捐资3800两白银建设郭峪到阳城的石桥；以15000两银子赎回被义军所执的乡宦，等等，这些至今可以从文献或碑石中见到明确数字的捐资，均为王重新所为，"其他死不能棺者、病不能医者、婚嫁不能俱礼、赋税不能如期者，苟有告，未尝不应也"。

清顺治十三年（1657）王重新去世。刑部尚书白胤谦闻悉叹曰"吾乡布衣无人矣"。

下庄李家 阳城海会寺的西侧，润城北邻，现有上庄、中庄、下庄三个村庄，人称"三庄"。"三庄"所在的地方，原来是一条长沟，因沟内黑松郁郁葱葱而名黑松沟。至迟到明代初年，此地就有许多人从事冶炼，铁炉林立，火光冲天，又称火龙沟。铁冶发达，人口集聚，渐成"三庄"。

"三庄"在明清时期同为"白巷里"，是沁河流域工商业最为发达的地区之一。从现存碑文资料可知，清嘉庆三年修缮永宁阁，捐银商号多达142家；道光时期扩建炉峰庵，捐银商号33个；咸丰时期修缮永宁闸，捐银商号116个，可谓商号林立，富商集聚。

"三庄"之下庄，有李氏家族很早就在此设炉冶炼，至后世李思孝时已"家累巨万"。明嘉靖四十年至隆庆六年（1561—1572），李思孝历时11年，"土木之工计各数万，其费金若食凡四千"，在村东3里处之海会寺，建13层琉璃如来佛塔，创佛龛20余间，塑金身佛像数千尊，刊印佛经数万卷。世人称其"敦尚佛民，而雅重儒学"。

经商致富后，李思孝延师兴学，崇儒重教。他先在村内办起私塾，后

下庄李家宅院

又在海会寺兴办书院，李家子弟及四里八乡以此科举成名者不胜枚举：其弟李思恩嘉靖间乡试夺得亚魁，侄儿李豸及侄孙李可久也在嘉靖年间中进士。统计李氏家族中进士者多达6人，这在沁河流域是很少见的。

李氏家族崇儒重教的风气，不仅促成了本家族的科举辉煌，而且流风所及，弥漫沁河两岸。据统计，以海会寺为中心的下庄、润城、屯城、上伏、下伏，甚至沁水的端氏、郭壁、窦庄、湘峪等村，明清两代一共出了50多位进士，这个方圆不过二三十里的河滨山谷，不仅是沁河流域经济发达的奥区，而且成为兴学育才的中心。

南安阳潘家 南安阳位于阳城县城东南5公里。清代初年，潘氏自高平赤土坡迁居此地，起初以经营锅碗陶瓷起家，至第13代潘蔚宗（1801—1836）时商业贸易达到最盛。

潘蔚宗16岁继承父业，经营商业从原来的锅碗陶瓷日用品，发展到盐业、布匹、丝绸等各类商品，经营范围也从沁河流域发展到河南、山东、河北、陕西、湖北、湖南、江苏、浙江等十余省份。在河南的朱仙镇，五花八门的商业活动几乎全部被潘氏家族所控制。

潘蔚宗36岁离世，虽英年早逝，但将潘氏商业推到了顶峰，他曾日收银子2万余两，被列为山西第七富豪。相传，从潘氏家族的南安阳村，一直到潘氏商业中心河南朱仙镇，为方便夜宿镖驮，潘氏在沿途每30里设有一小栈，60里设有一大客栈。潘蔚宗时期，还曾经营土地3000多亩，以5年时间修筑潘家十三院，耗资白银30000余两为其母亲营建"贞节牌坊"，一时轰动乡邻，轰动沁河两岸。

中道庄陈家　今天的皇城相府原名中道庄，以陈廷敬闻名的陈氏家族也非书香门第，而是商贾之家。

明代初年，陈氏世祖从河南临漳逃荒来到山西，落户泽州府天户里沟南（先皇城东北十数里），本以放羊为生。宣德年间，二世陈林带领母亲及弟弟来到郭峪，为樊家作煤工。陈林聪明能干，知书达理，深得东家

陈廷敬墓地

赏识，承租樊家煤矿后，开始自主经营煤窑和冶铁并渐渐发达起来，进而在郭峪邻近的中道庄定居下来。

至陈氏家族四世、五世时，其家业已颇为富裕，常常"慷慨好施"。商业范围除经营煤窑、冶炼铁矿、铸造器械、贩运铁货外，兼营丝绸、茶叶等商品。再有就是陈氏家族还办起了钱庄，现可考者就有在西安、洛阳、泽州等地的钱庄5处，另有当铺3处。

明崇祯年间，陈家修筑河山楼时，仅用石料就是3000块，用砖30万块。而陈氏城墙的建设用砖达3000万块，土石料20万方，如此浩大的工程，用时仅10个月，足见陈氏家族财力之雄厚。如今，四面八方来到皇城相府的游客，无不为陈氏皇家气派的建筑而发出惊叹！

下孔吴家　下孔村的吴家相传明正德年间从北留迁居下孔。明清以来直至民国时代，吴家实业从挖煤炼铁起，渐次扩展到手工业作坊、商行、

当铺、钱庄、农庄、戏班等行业，经商地域范围从本地发展到河南、安徽、湖北等地，是沁河流域闻名遐迩的富商大族。

道光、咸丰年间，吴氏家族在村东北500米处的小城就开始兴办炼铁厂，此场占地10多亩，厂房10余间，厂棚2个，炼铁方炉10张，农闲时用工多达160余人，日产铁4000余斤。十世传人吴贯，曾在村西北云峰寺沟打口挖煤，日产量最高达2万多吨，以致云峰寺地基下陷，寺塔倾斜，吴贯又出资在原址修建新寺。稍晚一点的吴皓年，紧步吴贯后尘，在村西灰沟再办煤窑，日产煤炭20余吨。皓年又特别喜欢上党梆子，主创上党梆子自乐班，自娱自乐，代代相传。

又有吴氏传人吴忠、吴贵及其子弟，在河南鲁山学得抄纸技术，利用本地丰富的桑皮和水资源，延请鲁山师傅前来下孔，手把手地传授抄纸技术，使得抄纸成为下孔村民的主要收入来源。除此之外，吴家在芦苇河下游经营5盘水磨，在润城庄河口建有拥有水地30余亩的庄园一处，在洪上村吴家拥有300余亩肥田的农庄，八甲口有吴家的市铺5院80多间。在家乡的下孔村，从"通驿桥"到"牌楼院"的大半条街上，有60个院子近1000间房屋，都是吴氏家族的住宅、店铺和手工作坊。

西文兴柳家　西文兴位于沁水县鹿台山之南麓。按西文兴人的传说，

柳氏民居

他们是河东望族柳氏之后，柳宗元贬官之后避难迁居于此，田同旭先生考证认为，西文兴柳氏确为河东柳氏的一支，但不是在唐代柳宗元时代迁居沁水，而是唐末先自河东迁居翼城，明永乐年间再由翼城迁居沁水的。明清两代，西文兴柳氏足称沁水望族，但长期以来名声不是太大，直至20世纪80年代柳氏民居被列为山西省重点文物保护单位，西文兴柳氏方被世人关注，进而声名远扬。

现存柳氏民居有4座一进两院，一共8个院落，另有关帝庙、文昌阁存世，其实只是明代原来建筑的一半之多。柳氏民居的建造年代是在明代，清代不同时期进行过不同程度的修缮。人们现在从柳氏民居的牌楼、门匾中，体味更多的是柳氏家族耕读传家的儒家风范，但从这些气势雄伟、规模宏大、雕刻精湛的建筑群来看，柳氏在明清时代确为一方富豪。

16世纪中叶，柳氏第六代族人柳遇春、柳芳春、柳逢春时期，柳氏家族迎来了一个兴盛的时期。此时柳氏几代在山东、河南等地从事盐业生意，已经积累了相当的财富，同时开始大兴土木。村口的关帝庙、柳氏宗祠、牌坊街、一进十三院府邸等主要建筑均完工于此时，基本奠定了西

柳氏民居木雕

文兴的建筑格局。清乾隆、嘉庆年间，柳氏财富进一步扩大，西文兴开始了新一轮的修建，魁星阁、真武庙、文昌阁、文庙"中宪第""司马第""河东世泽"等院，又在这一时期建成。清嘉庆六年（1801），沁河流域严重干旱，赤地千里，柳芳春慷慨捐粟赈济本村及相临七村，济民400余户，因而受到朝廷嘉奖，以此走上官商之途。一时间，柳氏典当、商行、店铺、驿站遍布大江南北，道光年间重修庙宇，分布在山西境内及河南、江苏、辽宁的施财典当、商行就有68家之多。

端氏贾家 沁水的端氏，早期曾是泽州五县的政治文化中心，民国时代，出了一个贾景德，从此贾氏家族名震四方。

清乾隆年间，贾氏世祖开始在南京经营盐业，已成"大贾"，后迁至安徽怀远，"置田产，颇营他业"。再后来，贾氏又迁到河南睢州一带继续从事盐业，生意时旺时衰，倒也可以说得过去。

光绪三十年（1904），就在清末废除科举制度的前夕，贾景德以三甲四十名登进士，之后分赴各地任职。1920年，贾景德亲任董事长，聚集泽

贾氏宅院

潞地区各路名家，在晋城西关五龙河畔购地100多亩，以股份制形式，兴办"山西晋城大德造针工厂"。大德造针工厂办得风生水起，他们曾特地从日本引进先进的技术和设备，同时请来7名日本工程师帮助安装设备。针厂兴旺时期，日产针货28万枚，年产就是1亿多枚。产品名称"飞羊牌"，销路很好，确实实现了"飞越大洋，超过洋货"的愿望。

20世纪20年代后，贾景德在集股经营大德造针厂的同时，又先后集股长治"同益厚"蛋厂，沁水"积成厚"盐号，又在沁水县城北街建立"济成""聚成"两个当铺，在端氏分设"同济厚"蛋厂等实业。

1934年开始，贾氏家族动工大兴土木，修建府邸。其设计事先专门派人到邻近豪宅参观绘图，施工总监聘请当地最有名的窦庄贾氏。整个工程动用木、石、砖、瓦、油等工匠人员2000多人，共建客厅、书房、卧室、地下室等136间，全部耗资约22万元。

"平阳、泽、潞，豪富大贾甲天下，非数十万不称富"。明代开始，沁河流域的富商已誉满全国。山高水深民贫土瘠的自然条件，激励着这里的商贾淌过沁河水，走出太行山。他们的商业起家，多数是聪明的利用本地资源，煤铁桑丝和农产特产，是沁河流域商业交流的重要品类。与晋中平原的票号商人们比较而言，沁河流域的商人多的是一份艰辛和慷慨，多的是一份回报梓里的行动和情怀。

六、乡风民俗

十里不同风，百里不同俗。沁河流域的风土民俗自有其沁河风采。一年四季的小米饭、"四大八小"的四合院、迎神赛社的舞汤庙、"送蚕添种"的蚕桑事、春华秋实的节庆日，米羹、石屋、河神、蚕姑、"起水"、"对水"、"烧年柴"、"打铁花"、回香节、"瓜糊饭"，等等，沁河流域的乡风民俗真正是五光十色、斑斓多彩，沁河流域的乡风民俗真正是一种蕴含着浓郁地方色彩的乡土文化。

1. 饮食起居

沁河流域地处山区，丘陵和山地占到土地面积的80%以上。虽然土地较为贫瘠，但非常适宜谷子的生长。在主要的粮食作物小麦、玉米、谷子、高粱、豆类中，谷子历来是沁河流域最主要的作物。由谷子加工而成的沁河流域小米，不仅色泽金黄、营养丰富，而且香味浓郁、软而不黏。因而，小米成为沁河流域祖祖辈辈的主要食品，小米也滋养了沁河流域的祖祖辈辈。

如今，小米以粗粮的姿态进入千家万户的厨房，为的是预防现代社会的什么糖尿病、心血管疾病之类。殊不知，在很长的一个历史时期，小米却是沁河流域千家万户的家常便饭，甚至人们将每天只吃小米稀饭视为一种生活中的苦难。在沁河发源地的沁源县，流传着这样一首《喝米汤》的小调：

> 女孩不必哭得是泪汪汪，
> 有什么（就）话儿你对俺讲。
> 我问孩儿你哭什么，
> 有什么话儿对俺讲。
> 咿呀咿呀吆呀，
> 一天了三顿是尽喝米汤。
> 么呀儿吆。

女孩哭得泪汪汪，难过的是一天三顿喝米汤。从"咿呀咿呀吆呀"，"么呀儿吆"低沉而凄婉的歌声中，今天的人们也很难体会到她那种"哭得泪汪汪"的辛酸。

在沁河流域的多数山区，或许是因为白天早起晚归，体力劳动消耗较大，或者是由于小米稀饭不耐饥？有些地方是每天要吃四顿小米饭的。江地先生在他的回忆录中，就生动地讲述了这种情况。我想，青少年时代，身高一米八〇以上的江地先生，在中村一定没有少吃家乡的小米饭：

> 我的家与我们村里人的艰难日子相同，穿的都是家用机织布，即小农经济的自织自纺之布，吃的是杂粮，村里边根本没有什么菜吃，全年吃的菜蔬只有白菜、萝卜、小葱之类，主要的常年蔬菜是酸菜，这是一种用豆叶子腌制的带汤的菜，放在米汤里吃着略带一点酸味，谈不上有什么营养价值。我们村里人每天要吃四顿饭，早饭是米汤，即小米稀饭，偶尔可以吃一点玉米面窝窝头，或圪坨煮在稀饭里，这就是高级待遇了。中午吃一顿撒（音"散"）饭，就是把小米米汤里撒上了一些玉米面糁子，把它煮成糊糊，这当然也不顶事，所以到了下午三四小时（点）还有一顿小米干饭，夏日农忙之际，再在小米干饭上盖上一些米旗，那就是更高级的伙食，所谓米旗，与沁水一带人所说的和子饭差不多，就是用三和面（应该是白面、玉米面、黄豆面三种各占三分之一，其实是白面最少，甚至有时候干脆就没有白面）做成面条，而预先把小米炒熟，煮在锅里，小米一经炒熟之后，熬出来的米汤永远是清水米汤，再也没有黏性，里面再煮上这种面条，就叫米旗，把这种米旗再浇在小米干饭上，这是我们小时候全村里的上等饭。第四顿是晚饭，仍然是小米稀饭。饭虽然吃得很勤快，每天达四次之多，但这种以清汤为主而毫无营养可言的饭食，当然是不顶用的，很快就饥了，就饿了。

沁河流域的人们还会用小米做出更多种类的饭食，流行的以小米为主的饭食还有：在水里加少量小米煮成稀饭叫作米汤，多加些小米煮成稠饭叫作稀粥，如果再加些南瓜煮成稠饭叫作南瓜稀粥，小米量少时可以撒（音"散"）点玉米面或玉米糁子也叫稀粥。在水里放白菜、萝卜、蔓菁、豆角等菜类，加少量小米煮成稀饭加盐叫作米羹，俗有"米羹舔豆，顶住吃肉"之说。如果做米羹时，多加一些小米煮成稠饭，叫作调和稀粥；在米羹中加一些杂面面条叫作米旗；加一些杂面揪片叫作小米揪片；米旗中的小米如果经过上火干炒后再做成，叫作炒米羹。米羹、南瓜稀粥、调和稀粥、小米揪片、米旗、炒米羹，都属于和子饭。在水里再多加些小米将水煮干煨在慢火边焖成干饭叫作小米焖饭，或将小米煮半熟用漏勺捞出煨在慢火边焖成干饭叫作小米捞饭，小米焖饭、小米捞饭配菜或鸡蛋炒制叫作小米炒饭。不管什么小米饭，以用当地砂锅做成口味最佳。还可以将小米浸泡后，用当地专门制作的石制拐磨磨成糊状，摊在当地专门制作的铁鏊中煎熟成饼状，叫作小米煎饼。将小米、玉米、小麦、白豆等上火干炒后磨成面粉，叫作茶面，加水搅成糊糊，倒入水中加炒豆、炒花生、炒芝麻等煮熟，叫作茶饭。如此等等，种类繁多。以小米为主做出各式各样的饭食而代代享用、辈辈相传，这是沁河流域悠久的饮食习惯，也是一种因地制宜的饮食文化。

东峪抗日纪念碑

我们不能忘记的是，抗日战争时期，活跃在太行山间的八路军曾经以"小米加步枪"英勇顽强地抗击了日本侵略者的疯狂掠夺，"小米加步枪"成为八路军抗战的物质和精神财富。"千山万壑，铁壁铜墙，抗日的烽火燃烧在太行山上，气焰万丈！听吧，母亲叫儿打东洋，妻子送郎上战场"。太行山沁河流域的小米不知养育了多少保家卫国的英雄儿女，也不知有多少八路军的将士以"小米加步枪"的精神冲向战火纷飞的前线。

吃和住是人类生活的必备条件。如果说沁河流域的饮食长期以来是以小米为主的话，沁河流域民众居住的形式却是因地取材，多种多样。

土窑洞 "古人穴居而野处"，在生产力低下的古代社会，穴居是最早的一种居住方式。沁河流域地处黄土高原，其土质均匀，且有黏性。在靠着山崖的沟壑里，至今可以看到人工挖成的土窑洞仍在用作居家之所。明人陈清《沁水公馆》中有"寥落人家居土穴"的诗句，说的是那个时候，沁河流域人口稀少，"土穴"是人们居住的一种方式。只不过，早期的土窑洞甚为简易，打洞挖土，成型即住。后来发展到用砖石券拱，设窗采光，遂成非常讲究的砖石窑洞。土窑洞或砖石窑洞，不仅冬暖夏凉，而且不需要什么材料，省事省工，在沁河流域至今不废，也是沁河流域独特的人文景观。

石屋 在沁河流域一些比较偏僻的山区，我们仍然可以看到一些纯粹用石头垒起来的石头房屋。从外观上看去，石头屋走风漏气，斑斑驳驳，其实屋内也很整齐，这是因为屋内使用的一面已经经过了一定的加工打磨。太行山区不缺的是石头，不用费事即可找到不同式样和用途的大小石材，而若建砖房，不仅需要黄土，更需要水资源。故而，石屋更多的是在水资源缺乏的山梁上可以见到，在阳城县的横河镇，我们就见到了许多大小不一，形制各异的石屋。一个名叫老岭村的小村庄，地处山巅，居民十余户，几乎家家石屋，到处石路。

"四大八小"四合院 沁河流域稍微平展的村庄，人们的居住最多见的是俗称的"四合院"。这种建筑大部分为砖瓦土石结构的两层楼房，北房为正房，普遍要高于东、西、南房，院子一般呈正方形，这是院子里的"四大"。在院子的四角处各修一个小院，每个小院再修两侧耳房，是为

窦庄的四合院

"八小",这就是沁河流域最为流行的"四大八小"民居。四合院还有一
个特点是,东、西、南、北房都在各小院修有楼梯,或一楼一梯,或两楼
一梯,楼房四面都有楼道可出。二楼较为凉爽和安静,是许多家庭养蚕的
地方。四合院的建筑颇为讲究,以北为正屋,号称"堂屋",由一个家族
中最尊贵者居住,故其屋身最高,东屋低于堂屋,西屋低于东屋,南屋最
低,院门一般设于东南方位,然后家人按辈分尊贵高低依次入住。

"**十三院**"　沁河流域过去最为豪华的住宅大概莫过于所谓的"十三院"。顾名思义,十三院就是功能不同的十三个院落,院中套院,布局规整,是最为富庶的家族居住的"豪宅"。这样的十三院,至今保存比较完好的仍有阳城南安阳潘家十三院、洪上范家十三院、郭峪王家十三院及沁水西文兴柳家十三院等。

让我们走进南安阳,去看看那里的潘家十三院吧。

潘家的十三院坐落在南安阳村东街北,十三个院落分别是狮口院、账房院、西厅院、厨房院、铺院、老院、中院、茅院、碾道院、后院、东花园、中花园、西花园。布局结构严谨的十三个院落墙院连接,层楼叠致,青砖灰瓦,雄伟壮观。

潘家十三院共有东、西、南、北四个大门,或出檐木构,或砖石拱券都显得气派非凡。楼檐、斗拱、柱础、照壁、楼栏、门窗、护门石、上马石、将军石、石狮,等等,其木雕、砖雕、石雕艺术精妙绝伦、细腻考究。"所其无逸""心远地偏""耕读传家""诗书继世""保泰持盈""惟吾德馨""为善最乐""耕我心田"等匾额书法无不有文有韵,令人赞叹。

潘家十三院

潘家十三院

潘家十三院最中央的主院，也是最为豪华的院落是主人居住的第六院。此院布局严整，高大宽敞，是一个标准的九间头四合院，其"四大八小"共有房屋64间之多，据说是北方地区最大的四合院。整个房宅全部为二层出檐楼房，一律四梁八柱，隔扇门窗。上为顶檐走廊，下为空间房廊。沿房四周青石铺地，院面青砖满布。最为惊叹的是，第六院的楼栏、门窗木构制件极为精致，仅门楞窗花的造型就有十

潘家十三院内的木门及楼栏

几种之多，室内家具一律楠木制作。大门而外，第六院尚有东、北两个小门，东小门可通茅院、中院、碾道院和后院，北小门则可通向中、东、西三个花园。真可谓件件精美、院院相通。

2. 迎神赛社

历史时期的沁河流域地处深岩邃谷，交通不便，信息不灵，民众生活十分艰难。求神拜佛，迎神赛社，便成为老百姓去灾祈福的重要日常。光绪《沁水县志》里讲道："敬神信巫，有不平必质之神，故乡多庙寺，醮赛纷举"。醮赛，也就是祭祀和祈祷，"乡多庙寺，醮赛纷举"，可见其庙宇之多，祭祀之频了。

至今我们行走在沁河流域，无论是平原地带的大村，还是地处偏僻的山村，随处可见的是大大小小的庙宇。历尽岁月的沧桑和战乱与"运动"洗劫，据说沁河流域仍是庙宇最多的地区之一，历史时期那就更是多的难以计数了。

上伏成汤庙

上伏成汤庙

现据1995年版阳城《上伏村志》，让我们见识一下这个普通村庄的神灵和庙宇。

财神和灶君是一般家庭都要敬奉的。此外，家庭供奉的神灵还有天地爷、门神、巧娘娘（教女孩子"女红"）、中宫爷（放置院子中央）、风伯、龙王、山神、河神、仓官老爷、"香盏婆"（祛邪）、五蕴爷、场神爷（打麦打谷的场地爷）、仙家老爷等。

在上伏，有庙宇的祭祀，包括有庭院或无庭院，甚至只能在庙前进行祭祀的地方就有30多处。

上伏最大规模的祭祀在成汤庙，上伏人俗称大庙。大庙前后5个院落，大殿敬奉成汤，大殿东边是白龙殿，西边共五间，中间是三清殿，东一间祀增福财神，西一间为小厨房。东小院院南有二层三元阁，二层为七贤祠，三层为三官（天官、地官、水官）。后殿为东西两院，东院北是七间的孔子殿，院南偏东有吕祖阁，院内正殿祀关公，东西两偏殿祀关公的侍者关平、周仓、王甫和赵累。

成汤庙东行70米处，路北有二郎庙，院北正殿三间，祀二郎和关公。

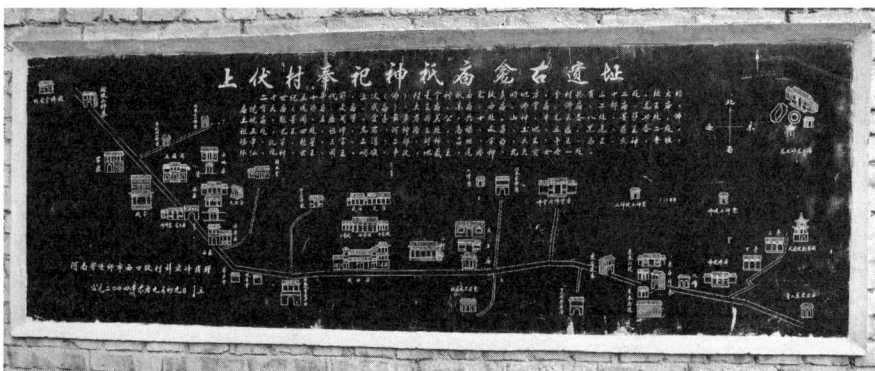

成汤庙内的上伏村庙宅古遗址分布图

东西配殿小三间，东祀牛王，西祀马王。再行40米，路北有大王庙，后院北殿祀金龙四大王。再行20米至十字路口，俗称圪刨口，路口往北50米，有玄帝大士阁，阁上北向祀观音菩萨，南向祀真武大帝。

圪刨口往南折西50米为红庙底，中祀老君，东祀黑虎，西祀山神。圪刨口往东行约百米又一十字路口名叫驴脊梁。驴脊梁往北80米有佛堂庙，前后两院，东南开门。前院正殿为佛祖，后院有关圣殿和高媒殿（俗称大娘娘）。南边正殿为地藏王菩萨殿，之西是药王殿，之东是张仙殿。再东行50米，路南胡同建有菩萨阁。再顺街东行百余米为东券，券有两重，券顶修一庙院，殿内祀真武。院南边有门，南门外东有黑虎神像，北门外西向至东庙北院，北正殿祀关公，东偏殿祀五瘟，西偏殿祀虫王。下院又有火神和千手菩萨。东券外北沟有山神小庙，东北山腰有白龙神像。东券对面有佛庙，正殿敬佛祖，北偏殿祭祀关公，南偏殿祭祀"圪垯爷"（专治皮肤肿瘤之神）。

出成汤庙顺街西行约50米有一十字口，名叫沟则口，这一带的神庙有南券之观音菩萨、关公、河神，西券之文昌帝，帝君殿附近之阎王堂、关帝殿、菩萨阁、土地庙。

从西券北行百米处也有一券，这就是上伏的出村口，券北顶上有"古河阳村"四字。券东有西庙，前院东殿祀关公和咽喉神，后院正殿为佛祖，又有真武和高媒殿。券后也有一庙，南殿祀龙王，偏殿祀河神。券东顺西庙上坡约60米有五瘟阁，面西并列窑洞三孔，窑上盖楼，中窑祀风神，南窑祀鲁班，北窑祀五瘟，楼上又有药王、山神、土地神。除此之外，这一带还有龙王小庙、关公、山神等多处庙宇。《上伏村志》里说，"全村大小庙宇星罗棋布，数不胜数"，当不是虚言。

沁河流域古庙

在"星罗棋布，数不胜数"的众多庙宇中，沁河流域最多的庙宇是舜庙和汤庙，而沁水多舜庙，阳城多汤庙则是最大的一个特点。

"舜耕历山"，历山距沁水县城西90里。历山主峰舜王坪的周边，至今保存着很多舜耕遗址的地名与传说，"且历山附近村庄，建帝庙，隆祭祀，在在皆然"。从洋洋大观的《三晋石刻大全·沁水县卷》中，可以检出的舜庙碑刻就有中村镇涧河村《重修涧河村舜帝庙碑记序》、中村镇松峪村《舜帝庙碑记》、中村镇冶内村《重修舜帝庙诸殿碑记》、中村镇蒲泓村《补修大庙碑记》、上沃乡土沃村东舜汤圣王行宫庙《修建圣王行宫之碑记》、土沃乡可封村《舜帝宝殿重修碑记》、土沃乡交口村《重修舜帝庙西廊房碑记》、龙港镇可陶村《可陶村重修舜帝庙记》，等等。据有关记载，历山周边沁水、阳城、垣曲、翼城境内的舜庙就有200多处，其

历山舜王庙

中以沁水境内最多最集中。

商汤"祷于桑林"，阳城有一条桑林河，以"桑"命名的村庄和地名更是屡见不鲜，据说商汤祷雨桑林之地就在阳城的析城山，析城山距县西70里。析城山的汤庙是阳城最早的汤庙，"每岁数十里外咸虔祷以祈丰年"。如今，据说现存阳城境内的汤庙就有100多处，宋元以来，有历史文献记载的汤庙有380多处。阳城应该说是汤庙最多和最为集中的地方。

沁河流域众山纵横，历史时期就是一个干旱贫瘠的地方，天旱祷雨成为千百年来当地老百姓相沿成俗的传统。同治《阳城县志》讲道："每岁仲春，各里人民向析城菴山换取神水，仪从靡费，不能枚举。"祷雨仪式成为沁河流域迎神赛社的主要内容。

最常见的是祈雨活动。一般天旱时节，不同村庄的人们多会在村内庙宇祈雨，或有朝天祈雨者，阳城县嵩峪村就有专门的水官负责祈雨。如果老天爷还是不下雨，就要组织人们戴上柳条编制的帽子，年轻人还要带上一条新缝的白裤子，带上祭品，敲锣打鼓到更远的白龙庙、黑龙庙、龙王庙之类的地方去。嵩峪是先在大庙烧香祈祷，然后来到村外的龙王庙。仪式是，先把龙王神像装到新裤内偷偷背回，放在大庙门外的台子上，由水官给神像带上柳条帽，让其在烈日中暴晒，并领众人烧香祷告。若还不奏效，就要出动全村男人烧香磕头，到村内各庙一一进行祈祷。过几天仍不下雨，就到更远的菴山向白龙爷祈雨，再不行就到沁河九女仙湖的黑龙潭求雨，如此一天过一天，从近处到远处，从小庙到大庙，期盼老天爷快降祥雨。果真雨水降临，自然是欣喜若狂，烧香还愿。

"起水"是沁河流域更为隆重的一种祈雨仪式。为了求得风调雨顺，五谷丰登，每年的春季沁河流域各村都会举行隆重的起水活动，因为阴历四月初三是传说的白龙爷生日，此日起水的村庄更多一些。阳城县义城村的仪式是，先有社首将上等的白馍馍、油食、纸马、香火、鞭炮及人马服饰准备停当。四月初三，社首带领起水队伍向菴山出发，人员服装以黄、白、黑、蓝四色为主，各色队伍前面都捧着长颈装水瓷瓶，队列最前打着两条长联，内容不外是"祈求一年风调雨顺，期盼四时国泰民安"之类，而后是两副锣鼓唢呐音乐。100多人的起水队伍按预定线路到达菴山脚下后，社首及各队再次整顿队列，由社首代表倾诉起水心愿，到庙门外池内舀上圣水将长颈瓶子灌满，再整队返回。进村时，重整队列，穿街过巷，锣鼓齐奏，鞭炮齐鸣，直到进入大庙，将取回的圣水供放在神龛上，到下午再到菴山换水。（菴山均为别字）

起水后的第三年，在沁河流域的一些地方还有更为隆重的"对水"活动。义城村的对水活动事先就要准备好精彩的故事表演，对水的队伍比起水队伍还要庞大，六支音乐队伍依次排列，总计在300多人。各色服装，放鞭开路，整齐严肃，浩浩荡荡直奔菴山。到达目的地后，各路人马重新整队，从南山门进入祭献白龙爷，再从东山门出到表演场地。六架大鼓齐奏，六副音乐齐响，六个大铳炮交替释放。表演队伍边走边表演"四斗门""五雷阵""八卦阵"等队形，场地中间表演准备好的故事节目，一时热闹非凡，煞是好看。表演结束后，由社首带领队伍再绕庙一圈，进庙参神耍围，最后到庙门外白龙爷小池罐取圣水，如此返回。回村后，照例是沿街表演，直到大庙将圣水放回神龛，对水活动方告结束。

如果说对水活动只是在个别村庄流行的话，那么，"送龙王"活动就相当普遍了。送龙王就是起水以后果真下雨，就要送龙王爷回宫。一般是在大庙里放好"神架"，将龙王的神像置放在雕刻华丽的彩舆内，四人扛抬，四男手持香盘，社首肃穆相随，八音吹打，送到村外的龙王庙。这个仪式的意蕴是起水把龙王爷请回来了，下雨后还要把龙王爷热热闹闹地送回去，否则不再灵验，又要大旱。

沁河流域迎神赛社还有一个普遍的仪式是"贺雨"。所谓贺雨，就是在夏季雨降，秋季收获之后，为了感恩老天爷的赐惠，一般都要唱三天大戏。此时，唱戏的乐台和戏台都用彩绸装点的花团锦簇，光彩亮丽。乐台上摆上八个木架，插着三十二杆标枪，还有一个讲究的銮驾。上祭时鼓乐齐鸣，人们将贡品恭敬地端出，走到乐台前高高举起，再由四个穿着长袍马褂的男少年交给社首，社首再恭敬地将贡品放置在供桌上。

3. 蚕桑习俗

商汤"祷于桑林"在沁河流域不仅仅是一种传说，它同时也是一种生产生活的具体实践。蚕桑业不仅是沁河流域民人维持生计增加收入的重要产业，而且由此深入到民人的日常生活和习俗中。由此世代相传的蚕桑习俗表现在多种蚕事禁忌，甚至传统的婚姻习俗中。

蚕桑中的"桑"与死人后的"丧"是谐音，日常生活中对"桑"是十分忌讳的。

大年初一，北方各地都有烧旺火的习俗，在沁河流域这一习俗也叫"架年柴"。一般的做法是，年三十下午，在院子中间用芝麻秆或豆秆铺底，然后把桑柴放在上面，周围加少许柏树枝，大年初一五更时分，在鞭炮声中将柴火点燃，这就是所谓的烧旺火。用芝麻秆铺底，不仅容易引火，而且有"芝麻开花节节高"之寓意。以桑柴为旺火的原料，寓意要把一年的丧气和晦气都一起烧掉。因为"桑"与"丧"是谐音，所以习惯上又叫烧年柴。

桑木本来是柔中带硬，经久耐用，而且花纹美丽的木质，但在沁河流域桑木是绝不可以用来做嫁妆的，也是因为"桑"与"丧"的谐音。其他如门前不能栽桑树，桑木不能用作建筑材料，等等，都是怕"桑（丧）"给主人带来晦气。

沁河流域传统的养蚕方法是自繁自育。每年夏天摘茧后，都要留下茧种，然后发蛾、交配、产卵，在低温条件下保存。来年春季加温孵化，收蚁喂养。如此年复一年，蚕种退化，遇到蚕体腐烂，蚕不上簇，或不结茧，往往以为是蚕姑爷在作怪。这时候，就会看见家家户户蚕房的门上挂起红布条，蚕席旁边放着黑炭，据说都是驱邪的办法。

除此之外，关于养蚕的禁忌也有很多，这在北方农村应当是很少见的。养蚕的禁忌又可分为语言方面的禁忌和行为方面的禁忌两种。

语言方面的禁忌有：养蚕期间，若有客人来访，送客出门忌讳说"走"字，是怕客人把蚕儿带走；忌讳食用姜和葱，以避免"僵蚕"和"冲撞"；议论家长里短大事小事，忌讳说"完了"，甚至吃完饭也不能说"吃完了"，只可以说"吃好了"；不可用淫秽词语骂人，特别是不能诅咒"要死了"，因为"死"与蚕丝之"丝"同音；看到蚕席中的蚕儿爬行到边上，不能说蚕跑了，只能是蚕"漫边"了；发现老鼠危害蚕儿或蚕茧，忌讳说老鼠，因为老鼠与"老输"是谐音；发现病蚕，不能大惊小怪地胡乱嚷嚷，只能将病蚕悄悄拣出埋掉。

行为方面的禁忌有：养蚕期间，不准在蚕室四周动土动石，砍树锄草，以防惊动土神不能尽职尽责地守护宅院，邪神恶鬼进入宅院冲撞蚕儿；院内不能敲锣打鼓，以防惊动蚕儿，特别是眠蚕期间，怕蚕儿起眠不齐，影响产量；忌讳唱戏，甚至忌讳谈论戏文情节，怕蚕儿只顾听戏，忘吃桑叶；蚕在大眠期间，不准在蚕室赤身裸背，怕得罪蚕姑不穿衣服，不会结茧；遇有丧事，不可穿白孝衫进入蚕室，怕是光线返照强烈，影响蚕儿生长；如果有蛇进入蚕箔，不可大呼小叫，驱赶追打，只可让蛇自行离去或用尖杆挑出门外。讲究的是蛇能克鼠，蛇近蚕是吉利的预兆；妇女不可在孕期和经期喂蚕，只怕亵渎神灵，蚕事难成。

沁河流域养蚕的各种禁忌，尽管会有一些不科学的地方，但许多禁忌都是千百年来流传下来的养蚕经验。宋金之际一部重要的农书《务本新书》内，讲养蚕共有23忌，其中"忌敲击门窗、灶箔有声之物，忌哭泣叫唤，忌秽语淫辞"，"忌衣孝人家"，"忌不洁净人"等都在沁河流域等地养蚕禁忌中可以寻到影子。

蚕桑习俗在沁河流域甚至浸入到人们的婚姻习俗中。

首先是"送蚕添种"。姑娘出嫁以后变成了媳妇，进而成为男方家里的女主人，她不仅要养儿育女，还要植桑养蚕，"送蚕添种"具有双重意义。一般的做法是，在养蚕前的一两天，女方父母要给婆家送"蚕种"、五谷、蚕鞋、被单、竹帘、花馍等物品。婆家一般要设宴款待，甚至邀请叔伯近邻作陪。在娘家送来众多的物品中，"蚕种"是最具有象征意义的物品。

其次是"看蚕"。蚕事在沁河流域是检验一个女人是否能干的重要标准，就像"女红"是衡量一个女人是否心灵手巧的标准一样。对新娘子来说，看蚕的成败很大程度上决定了她在今后婆家的地位，蚕养得好，自己和娘家婆家都很光彩，蚕养不好，可能会被街坊邻居看不起，甚至会说给婆家带来晦气。看蚕的一般做法是，新娘子过门后的第一年，等到蚕要结茧的时候，要请村子里德高望重的老蚕娘来评看结茧质量，评看给娘家看"老茧"、蒸制面食"圪圝"的手艺，评看新媳妇给娘家父母做蚕鞋的针线活好坏。这样的"看蚕"活动真不啻为对新媳妇的一次严格考试。

再次还有"看老蚕"。端午时节，黄蚕将老，新媳妇的公婆要回访亲家，到娘家去看老蚕。一方面是带去亲家的问候，一方面是去评看结茧的情况，一般去时要带上30个甜馅圪圝，亲家设宴招待，娘家叔伯辈分人员作为陪客，娘家人将圪圝切成数份分赠邻里亲朋，意在告知婆家人来"看老蚕"了。

从姑娘出嫁后娘家人到婆家送蚕添种，到婆家人到娘家看老蚕作为回访，是一个完整的礼俗过程，其实也是对新媳妇养蚕结果的一个检验。沁河流域的妇女都要经过这样一个新婚生活后的蚕事检验，蚕事在沁河流域深入到了千家万户，深入到了民间的风俗习惯。

在沁河流域的一些地方，至今我们仍然可以看到蚕姑庙或蚕姑殿，这就是供奉蚕神嫘祖的地方了。相传，嫘祖曾在河北一带教民养蚕，住在南海洞中，后人在洞内塑嫘祖、地桑、天桑三神像，人称"三蚕圣母"。沁河流域的蚕神一般都供奉在汤庙的偏殿，现存小尖山的蚕姑殿与唐王殿、牛王殿并列一排，殿内嫘祖坐像有2米多高。横河镇蚕姑庙曾立有蚕称碑，泽城村的蚕姑庙也能看到两通碑刻。一般的蚕户都在蚕室内贴有蚕神像供奉，蚕年、孵蚕、投蚕、售蚕时都要祭祀蚕神。三月初三是沁河流域的"蚕年节"，届时养蚕人家都要祭祀蚕神，甚至酬神演戏，好不热闹。

4. 岁时节庆

中国民间的岁时节庆，自春节一直到腊月三十，大大小小，不下数十个。就其影响较广的节日来说，也有20多个。然而，"十里不同风，百里不同俗"，不同的地方因为其不同的自然地理条件和不同的社会、经济、文化等因素，又有其不同的节日特色，沁河流域的岁时节庆也自有其自身

沁河民俗

的地域特色。

春节　"家家除夕守旧岁，声声爆竹迎春欢。尽管元旦属阳历，古制新年留民间。"春节在汉民族的传统中俗称新年，除夕日就是阴历的腊月三十。1911年辛亥革命后，改阴历为阳历，规定阳历的1月1日为元旦岁首，农历的新年称之为春节。尽管有了元旦的节日，但民间仍然是"你过你的年，我过我的年"，"过年"（过农历的新年）一直是汉民族一年四季中最为隆重的节日。

沁河流域的"过年"是从年三十除夕的半夜子时算起的。一般是家里的男人早早起床，先放响三个开门炮，以避邪驱凶，又有一说是要把祖先迎回来过新年。然后要梳洗干净，穿戴整齐，五更天点燃蜡烛，焚香献爷。天地爷、祖宗、财神、关公、中宫、门神、夫子等诸神依次祭毕，接着就是"烧年柴"，年柴的原料是沁河流域特有的桑柴，寓意将一年的丧（桑）气和晦气统统烧掉。

大年初一的早饭，吃的是除夕剩下的隔年饭。早饭后，小辈引领儿孙给长辈拜年，长辈分发儿孙压岁钱。叩头作揖，呼爷喊孙，室内屋外，一派吉祥。午饭一般要吃饺子，饺子馅则多为羊肉馅或素馅。晚饭多以沁河流域的上等小米熬粥，粥里加上花生米、红枣、豆类等配料，类似现在的八宝粥。人在过年，也忘不了给牲口过年，农家也会给牲口喂磨，以示同庆。

从初二起一直到正月中旬，按亲疏长幼的序列，开始互相"走亲戚"。初二先到姥姥和舅舅家，初三到妻子的娘家，之后依次排开，依次上门。从城乡村镇到大街小巷，从公路大道到山间小道，这段时间，沁河两岸随处可见的是携妻带子呼朋引类的走亲戚队伍。大人小孩，各个穿戴整齐，气象一

沁河农家宴

新。家家户户，每天都有亲戚上门，温暖融融，春意浓浓。

元宵节 农历正月十五是元宵节。元宵节因为要吃元宵而得名，也叫元夕节、元夜节、上元节。由于元宵节民间要"燃灯"庆贺，因而又叫"灯节"。沁河流域的元宵节，除了要吃元宵以外，几乎家家户户都要吃茶粥，这种茶粥即是用沁河流域的小米、玉米、杂粮熬制的混合粥。元宵节要设供献，焚香敬神。乡村的街头巷口都挂有纸扎彩灯，大路口有泥砌的烧炭大火，村子里热闹的地方架有秋千。民间举办踩高跷、跑竹马、划旱船、耍龙灯、推花车、舞狮子等娱乐活动，这些"红火热闹"除在本村表演外，还要走街串巷到附近村庄互相表演，有些地方甚至联村进行。沁河流域特有的"打铁花"、放老杆烟火等活动也在元宵节得以尽情展现。

在一些工商业发达的城镇，元宵节的闹红火持续时间更长一点。润城一带从正月初五、初六开始，便积极进行着各种准备，正月十三到十六连续数日，从早到晚，到处是欢腾的锣鼓，到处是喧嚣的人群。稍大一点的商号院内，大都垒起"利市王"旺火。旺火的形状像一个端坐的大肚和尚，一般高在七八尺。先用砖垒砌成型，外边一层用麦糠泥抹涂，"大肚和尚"的腹内底层铺上柴火，上面再加上煤炭，傍晚时分，点燃旺火，只见"大肚和尚"的眼、鼻、口、耳、肚脐等孔中冒出火焰，恰似一个活灵活现的大彩灯，寓意也在开市兴旺，财源旺盛。元宵节闹红火之后，商家就该开市营业了。

在沁河流域的一些庙宇，年年都有搭"天地棚"的习俗。一般都要在殿内陈设贡品，悬挂各色化灯和各种工艺摆设，花糕花馍在这里尽情展示，什么狮子糕、虎头糕、凤戏牡丹糕、喜鹊登梅糕、双龙戏珠糕，等等，各个造型别致，做工精细，让人目不暇接。

旧时，正月十六晚间，沁河流域的妇女也会走出家门看红火热闹，民间叫作"遗百病"。还有"老牛老马歇十六"的习俗，也就是在正月十六这一天，要给辛苦一年的牛马喂足草料，再喂上一顿蒸馍饭菜，以示对牲口的酬谢，并有祈祷神灵保佑六畜兴旺的寓意。"六畜兴旺"这样的小条幅，在沁河流域的农家小院处处可见。

添仓节 添仓节也叫天仓节，原意是祭祀仓官，以求五谷满仓。各地添仓节都在农历的正月二十五，沁河流域的添仓节则在正月十九，据说这与黄河流域古老的"老鼠娶亲"故事有着渊源。

添仓节要"冲瘟"，各家院中备有香案，陈列祭品。添仓节还要做一种叫"添仓"的食品，就是用软柿子调和玉米面或软米面，捏成尖顶帽的"仓官爷"形象，或有尖顶圆形的梭形添仓。此日，娘家人要为已经嫁出去的女儿送添仓，预祝一年五谷丰登。等到夜间，先是把添仓敬献给仓官爷，然后将添仓放入装有粮食的囤缸，表示"填满仓"，孩子们则提着一大篮子梭形的添仓圪尖放到院子、窗台、门后、炕边、鸡窝、牛圈、磨道、碾盘、厕所等旮旯地，俗称"献旮旯"。"旮旯"在沁河流域就是老鼠的别称，这些活动就是为了"老鼠娶亲"。相传此日夜间，老鼠都要成亲，夜深人静之时，便能听到叽叽哇哇的一片老鼠叫声，孩子们兴奋地整夜不睡，扎着耳朵要听老鼠娶亲。个别乡村甚至白天有老鼠娶亲的游艺活动。

回香节 农历三月十五是沁河流域特有的回香节。清代诗人延君寿写有《回香》一诗："游人休作踏青看，祈福今年事未完。一棹扁舟同姐妹，回香先上小天坛"。这里说的小天坛，位于沁河西岸的刘善村，山上建有轩辕庙。传说，唐太宗在此染病，轩辕祖师使其龙体转愈，又一说明万历皇帝也曾在此设坛祭祀，一时间，天坛山寺庙兴建，儒、佛、道三教诸神齐全，成为闻名晋、陕、豫、鲁、苏、浙等省的民间祭祀场所。

回香节也称轩辕会，四邻八省的善男信女，都会争相来到天坛山朝拜，许愿回香，三跪九叩，甚有五更起床，不洗脸、不梳头赶来朝拜者，民人叫作"披头香"；或有几十里外就脱掉鞋子赤脚而来者，民人叫作"赤脚香"。回香节唱大戏相沿成俗。此日，不仅天坛山寺院南北两头的大戏台在唱"对台戏"，山下的一些寺庙，甚至附近村子里也在唱戏，山上山下，台上台下，丝弦锣鼓，人声鼎沸。然而，这个季节，往往又是多雨的天气，山上气候多变，疾风暴雨经常出现，众人冒雨看戏，湿透全身，却也乐此不疲，径称为"泼灰"（洗掉晦气），三月十五后再下雨，则称为"洗山"或"净坡"。讨来的都是安康，消去的都是灾病。

清明节 清明节是南北各地共同庆贺的传统节日。此时正是春耕春播，植树造林的大好时机，许多地方都有踏青扫墓，追念先人的习俗。沁河流域素有"三月清明花圪桃"的习俗，就是在清明节前，预先准备好包有豆馅柿泥的六角形面饼（俗称花圪桃）作为贡品，届时上坟扫墓、烧钱挂纸、追念亡灵。

一般的做法是，家族中的兄弟姐妹及子侄婆媳事先约好上坟扫墓的日子，届时男女老少成群结队的赶到墓地，先去上老祖宗的坟，然后按辈分依次扫墓。上坟的程序是，先摆上花圪桃等献食，然后烧香、烧纸、烧五色纸、磕头。磕头时要对先辈说上一些祝愿期盼的话。坟堆上埋绿豆芽，意在家族繁荣，子孙昌盛。花圪桃要从坟堆上滚来滚去，再掰开一两块掭在纸灰里，就算是地下的先辈吃上了花圪桃。最后就是给坟堆添土、整石、清理杂草。回家的路上，妇女们往往将顺手摘采的柏树枝或麦苗掭在耳根，表示"人留后代草留根"之意。

端午节 农历的五月初五是端午节，沁河流域民人照例是包粽子、饮黄酒、插艾枝。除此之外，新婚后的第一个端午节，女方娘家要给男方亲家送端午节礼品，一般就是打花馍分送亲友。小孩子们的耳鼻一早起来就被涂上雄黄，以免除瘟疫、逢凶化吉。一些地方还要到庙里祭祀五瘟神。牛马的脖子上需要系上一个红布袋，内装草药以防牲口吃野草被蛇咬伤。

河神节 河神节在干旱的北方地区极为少见，沁河流域山水环绕，却有一个农历六月二十四的河神节。这个时候是沁河流域多雨的季节，境内往往暴雨成灾、河流溢涨，人们就用一种叫作"炕锅盔"的食品祭祀河神。我想，"炕"有烤干的寓意，"锅盔"的形状又有"盖"和"扣"的寓意，大概是要用这样的食品祈求河神消除水患吧。河神节这一大，沁河两岸的人们把预先准备好的蒸熟的猪羊供献出来，吹吹打打，祭祀河神，场面十分壮观，润城人将此叫作"河神爷展腰"。

中元节 农历七月十五为中元节。中元节本为佛教的一个节日，沁河流域则将其演化为地官舜帝的赦罪日，因为大舜事亲至孝，所以也叫"孝子节"。"舜耕历山"的传说在沁河流域代代相传，七月十五这个上坟烧纸、追念亡灵的中元节在沁河流域也很是盛行。"烧过法船无剩鬼，月明人静水澄澄"。旧时，在沁河流域两岸，还有许多地方有此日用纸扎花灯、放河灯的习俗。

开锁上香

农历七月中旬，正是春华秋实、丰收在望的季节，沁河流域的中元节有"看谷姥"的传统习俗，就是在家里蒸制面塑看谷姥，谷姥的形象好似一个大头娃娃，头戴尖顶草帽，手执谷穗、麦穗，再披上谷叶和麦穗，以此敬献五谷神灵，祈求秋季的好收成。女孩子出嫁的第一年，女方娘家要制作成套的焙面娃娃，如"八仙过海""麒麟送子"等送给男方亲家，一则借庆贺秋收的名义看姑娘，二则带去早生贵子的愿望。

中秋节 农历八月十五是中秋节，这是一个在全国众多民族中流行的传统文化节日。中秋，即秋季当中之意，秋高气爽、天亮月圆，民间素有"拜月"的习惯。据说，汉代就有在中秋敬老、养老，赐以雄粗饼的习俗，它就是月饼的起源。宋代正式定八月十五为中秋节，中秋与嫦娥奔月、玉兔捣药等神话故事结合起来，充满了一种浪漫的色彩。

沁河流域的中秋节，家家户户都要打月饼、吃月饼。富家大户吃的是西瓜月饼，穷家则有北瓜月饼，许多家户还会打月饼送给亲朋好友。月亮在沁河流域有一个十分亲切的名字叫"月明

纳鞋垫

爷",中秋节的夜间,人们在院子当中放好供桌,桌上置放月饼、香果、柿子、梨、枣、葡萄、石榴、煮毛豆、煮玉米等应时食品,用来祭祀月明爷。花好月圆夜,户户乐融融,一派吉祥如意的情景。

中秋节又是一个合家团圆的节日,沁河流域的中秋节,回到娘家的媳妇是要返回夫家的,其意就是嫁出去的姑娘是婆家人,一定要和婆家团圆。男女结婚后的第一年,女方娘家要给男方送去数十成百的老花馍,分赠亲友,有的还要给男方家人每人送一双鞋子,俗称"送十五"。

寒衣节 农历十月初一也是一个祭祖的节日,因为时节即将进入冬天,所以有祭祖送寒衣之说,民间叫作寒衣节。《阳城县志》有"十月塑造麦角祭先上坟,焚冥资、剪楮象衣,煮米作羹,遍祀游魂,俗称送寒衣"的记述。说的是,十月初一要上坟祭祖、烧纸钱、烧寒衣、煮米羹,以安游魂,以暖祖上。有的地方在黄昏之时,将做好的小米干饭撒到野地以祀孤魂。

冬至 冬至是中国传统二十四节气之一,一般是在农历的十一月中旬。冬至又是一年365天中白昼最短、黑夜最长的节点,从此天气开始进

沁水国家级非物质文化遗产——土沃老花鼓

入数九寒天，谚有"吃了冬至饭，一天长以线"的说法。沁河流域的冬至节，素有上坟、烧纸、祭祖的习俗，另有就是那"摔南瓜"的习俗。小一点的南瓜摔破后做成南瓜饭一家人食用，大一点的南瓜摔破后一家人吃不了，就分送乡邻亲戚共同食用。

清末润城上伏村栗树德有《冬至》诗，状描家乡冬至摔南瓜习俗："天催冬至到人家，转瞬阳生换岁华。偏是儿童能记事，闻鸡起摔老南瓜。"在沁河流域的诸多传说中，有一个摔老南瓜以躲避灾难的说法，摔南瓜渐渐演变为冬至五更时日的传统习俗。具体的做法是，大人们五更即把睡意蒙眬的孩子们叫醒，催其摔烂已经准备好的老南瓜。岁数小一点的孩子，爬到桌子上往下摔，大一点的孩子把瓜举过头顶往下摔，老瓜被摔得越碎越好，寓意将灾难统统摔掉、摔碎。冬至的早饭自然是"瓜糊饭"，就是将摔碎的老瓜和玉米面、花生、黄豆一起煮熟成粥，这就是比平时要好一点的瓜糊饭。

腊八　腊八即农历的腊月（十二月）初八，是日为佛教释迦牟尼成道之日，佛教徒做粥供佛，佛寺举行盛大的朝佛会。民众相沿成俗，家家户户做腊八粥。

在沁河流域，腊八粥通常是用萝卜、白菜、小米拌白面捏成的面鱼熬煮成粥，再配以烹油、葱花、小蒜食用。有些地方则讲究腊八吃饺子，俗称吃"冬圪垯"，俗传吃了冬圪垯，表示已将冬天咬开，寒冬即过，春天来临。旧时，沁河流域的姑娘们在这天有扎耳朵眼的习惯，当然只是那些有钱人家的习惯。因为此时天气寒冷，即使穿耳眼也不会有太大的痛感，另外就是冬天穿耳眼不容易受感染，其实是有一定科学道理的。

祭灶节　农历腊月二十三是祭灶的节日。祭灶就是祭祀灶王爷，民间以为灶王爷是"一家之主"。沁河流域的一般家庭在灶间都设有灶王爷神位，两旁的对联是"上天言好事，回宫降吉祥"，希望祭灶日后，灶王爷上天除恶降祥，保佑全家老小幸福安康。

沁河流域的祭灶多在黄昏入夜之时，一家人先到灶房摆上桌子，向灶王爷敬香，贡品主要是用饴糖做成的糖瓜，意在让灶王爷甜嘴，让他上天

沁水非物质文化遗产——旱船

别说坏话，所谓"好话多说，坏事休提"。阳城县水村的制糖最为有名，腊月二十三之前，各种糖瓜和板板糖已做好待售，届时会有来自本地甚至河南、河北、陕西、山东的商贩赶来运售，水村的糖瓜成为各地祭灶的主要贡品。

"二十三，糖瓜粘"，灶王爷上天之后，沁河流域的人们就进入忙乎春节的时候了，所以民间又有腊月二十三"过小年"的说法。过完小年准备过大年，办年货、买爆竹、炸肉丸、捏枣糕、剪窗花、写春联、拆洗被褥、挑选新衣、清洁庭院、"有钱没钱，剃头过年"，一系列欢乐祥和的劳作，一系列除旧布新的习俗，迎来的是"爆竹声中除旧岁"的农历新年。

余论 留住乡愁

1928年出生于六朝古都南京的著名诗人余光中，历经迁徙奔波离散聚合。1971年，思乡心切的余光中在台北厦门街旧居写下了一首柔美而略带哀伤的《乡愁》诗：

小时候，乡愁是一枚小小的邮票，
我在这头，母亲在那头。

长大后，乡愁是一张窄窄的船票，
我在这头，新娘在那头。

后来呀，乡愁是一方矮矮的坟墓，
我在外头，母亲在里头。

而现在，乡愁是一湾浅浅的海峡，
我在这头，大陆在那头。

乡愁不只是忧愁和苦愁，乡愁也是时序和存在。小时候—长大后—后来—现在，它是一个长时段；邮票—船票—坟墓—海峡，它又是一个个具象的载体。乡愁是一种深情而美丽的恋歌，留住乡愁，就是要留住那过往的美丽。

沁河流域是美丽的，它的美丽既在于它的过去、现在和未来，也在于它那美丽的山川、古老的文明、悠久的历史、丰富的资源、著名的城堡，还有那丰厚的文化积淀。

山川秀美的地理环境，是大自然赋予沁河流域的天然资源。"朝昏太行色，坐卧沁河声"，太行山、中条山、王屋山、历山、析城山等，沁河流域的大山名山重重叠叠，美不胜收，古人的诗句里叫作"乱山重叠似楼台"。自源头沁源县一路南下的沁河是山西境内的第二条大河，沁源、安泽、沁水、阳城，一个个柔美而动听的县名，一片片因沁河水浸润而生动

沁水玉溪唐代石塔

沁河鸟

起来的地方。青龙河、清水河、洪驿河、泗河、兰河、杏水、梅水、玉溪河、芦苇河、南大河，古老的沁河敞开胸怀吸纳了沿途的千川百水，太行山的千山百水在沁河的澎湃声中汇入到滚滚东去的黄河。

不要以为这里只是穷山恶水，这里有的是引人入胜的美景。杏谷朝霞、莲塘时雨、刘曲飞帘、石楼精舍、碧峰耸翠、沁渡秋风、乌岭堆云、鹿台积雪、楂山夜月、空仓照晚、析城乔木、灵泉松月、九女仙台、海会龙秋，等等，旧有地方文献中津津乐道的"十景""八景"，沁河流域丝毫不让于其他地方。

"绝顶横临日，孤峰半倚天"；"几家烟火杂，千嶂戟矛森"；"林深秋色早，山杳夕阳底"；"山从云里出，人自画中来"；"野花红欲烧，秋水碧于蓝"；"山中夏日似秋凉，小小幽花暗暗香"；"青山深处杏花园，鸡犬人家隔短垣"；"岭树蔚蔚云深深，青山无雨云自阴"；"山城寂寞沁河西，云共青山远近齐"，难以数计的名诗名句不知寄托了多少文人墨客对沁河流域山水的向往，沁河流域的秀美山川也不知吸引了多少官宦仕商的旅足和眼球。据说，如今沁河流域仍是山西境内森林覆盖率最高的地区之一，沁河也是山西境内含沙量最低且最为清美的河流，真是一个山清水秀的好地方！

多山多水、山川秀美的自然地理环境，孕育了沁河流域的古老文明和悠久历史。40年前，考古学家在位于历山脚下的下川盆地，惊异地发现了距今约23000年的人类活动遗址——"下川遗址"。下川遗址发现的3处火塘和多粒禾类植物种子，说明最早的禾类植物也许就在下川开始。下川遗址发现的大量刮削器、尖状器、雕刻器、琢背小刀等细小石器，是渔猎为主的经济生活的典型代表。下川遗址的发现说明了这样一个事实：远古的先民们曾在这里过着一种刀耕火种，捕鱼狩猎的群居生活，沁河流域老早就有了人类的活动。

又有考古学家认为，下川遗址和"舜耕历山，渔于濩泽"的传说是大体吻合的，下川盆地与历山舜王坪的地貌也是大体相同的。从下川遗址，到舜耕历山、渔雷泽、陶河滨，再到商汤祷雨桑林，沁河流域的古老文明

下川遗址

陈廷敬墓地石雕

是一脉相承的。

舜耕历山，商汤祷雨的传说开启了沁河流域文字记载的历史。从此，三家分晋、长平之战、太行忠义、明清鼎革、西捻东进、辛亥起义、敌后抗战、解放全国，2000多年的中国大历史中留下了沁河流域的痕迹；从此，荆浩、李瀚、常伦、张五典、孙居相、张铨、贾景德、武士敏、赵树理，以及王国光、张慎言、陈廷敬、李思孝的名字与沁河流域一道载入历史的斑斓画册；从此，沁水、阳城、端氏、中村、土沃、窦庄、郭壁、润城、上庄、横河、东冶、白桑、桑林，一个个地名出现在沁河流域的太行山间，一个个城镇山村在太行山沁河水的滋润下成长壮大，发展向前。

沁河流域是一个自然资源十分丰富的地区，其中煤矿、铁矿资源尤为丰厚。以沁水命名的"沁水煤田"介于太行、吕梁、五台、中条四山之间，据说在世界上也是最大的煤田之一。沁河流域的煤炭又有"香煤净炭"之说，享誉海内外的"兰花炭"无烟无味，质量上乘，历来销路甚广。

储量丰富的铁矿是沁河流域又一种宝贵的天然资源。自古以来，关于沁河流域铁冶发达的记载就绵绵不断，阳城铁冶的发达更是赫赫有名：战国时期的"阳阿剑"；南北朝时期全国七大冶铁局之一；隋唐时期全国95个铁矿县份之一；宋代此地的"广铸铁钱"；明代铁产量全国第五位；润城的"铁山"；村镇的"坩埚"；"火龙沟"；铁匠炉等，无不显示着沁河流域"铁贱于泥"的历史与现实。

"香煤净炭"与"铁贱于泥"的结合，产生了沁河流域发达的手工业铁器产品。"润城茶壶刘善鏊，安阳砂锅蒿峪笼"，种类繁多的民用铁器用具生产，不仅是沁河流域传统的致富之业，也是沁河流域为千家万户生产生活提供的基本保障。

至今屹立在沁河两岸的明清城堡是沁河流域最为耀眼的名片。窦庄、郭壁、湘峪、皇城、郭峪、润城等城堡的雄伟壮观依在，曲堤、大畛、坪上、半峪、北留等地的断垣残壁，或可仅供好事者怀古凭吊。但可以肯定的是，明清之际，沁河两岸一时间出现了54处用于防御的砖石城堡。往前追溯到宋金之际，这里也有多处"不

沁水流域街巷

从敌国而保山砦"的"忠义社砦子"，太行忠义社的农民义军正是利用这些城堡式的"砦子"抗击金军，血染战裙。再往前溯，沁河流域更早的城堡就是那战国时代长平之战中的城堡了。马邑城、马踏营、武安城、屯城、王离城，各个"据险筑城垒，当次山嶙峋"，至今透露着"岁月遗戈金不销"的肃杀之气。从战国古堡、宋金忠义砦到明清城堡，沁河流域的城堡是有连贯性的。如果我们从地图上看去，秦赵长平之战时秦军设置的那条自北而南的防线，恰是今天沁水县的王离城一直延伸到沁水、阳城交界处的武安、屯城一线，难道沁河流域这条80里长的防线注定要超越岁月历经磨难？抑或这条80里防线就是沁河流域那灵秀所钟的奥区？沁河流域的城堡在时序上有连贯性，在空间上也有集聚性，这在中国北方地区是很少见的。或者可以换句话说，沁河流域的古城堡是最具代表性的"北方城堡"。

说起城堡，浮现在人们脑海中的首先是那令人遐想的中世纪欧洲城堡。欧洲城堡是政治分裂的产物，也是为了保护领地人身安全的防御性建

柳氏民居

筑。从公元9世纪的土岗城郭式到14世纪的砖石结构建筑，欧洲城堡的历
史就是纷争的历史、割据的历史。中国境内的城堡，有知名度的是福建的
土楼和开平的碉堡。福建的土楼是客家人的民居，没有明显的防御功能。
它以土、木、石、竹为主要建筑材料，以土夯建是它的特质。据说福建的
土楼产生于宋元之间，西晋永嘉年间的汉人南迁就拉开了序幕，但真正宋
元之间的土楼已很难见到。开平的碉堡倒是比较坚固，有泥楼、石楼、青
砖楼、钢筋混凝土楼多种，又有居住和防御的两重功能，但开平碉堡的大
量出现是在20世纪20年代以后，至今尚存的明代碉堡也就是三门里的迎龙
楼（20世纪20年代重建）了。

没有必要刻意地去比较欧洲城堡、福建土楼、开平碉堡和沁河城堡的
优劣，也没有必要为沁河城堡争一个什么样的地位。各地的城堡自有其各
自的特色，也有其不同的历史和自然条件，这就是所谓的"横看成岭侧
成峰"了。重要的是，沁河流域的城堡齐刷刷地出现在明清交战之际，
它那高高耸立的"豫楼""看家楼""河山楼"，那至今尚存的城墙、城

湘峪藏兵洞

门、堞楼、垛口、藏兵洞，还有那坚固的"坩埚墙"，无不浸透着"连筑堡寨，保护梓里"的防御功能。沁河流域的城堡又有明显的生活功能，四合院、十三院、楼梯、楼栏、阁楼、女院、花园、祠堂、水井、石碾、石磨、灶台、茅厕，生活起居，一应俱全。在辽阔的中国北方地区，我们

沁河农家

留住乡愁

还能从哪里找到像沁河流域如此时间久远、空间集聚、功能齐全的城堡群呢？沁河流域的"北方城堡"，即是一个历史，又是一个现实。

秀美的山川、古老的文明、悠久的历史、丰富的资源、著名的"北方城堡"，还有那河边的渡口、村庄的庙宇、遍地的桑林、山间的小溪，这一切的一切，构成了沁河流域一幅幅美丽的画卷，构成了我们脑海中一段段美丽而难以割舍的乡愁。

留住乡愁，
留住这过往的美丽。
留住乡愁，
是为了现在，
也是为了未来。

主要参考文献

田同旭、马艳主编. 沁水县志三种. 太原：山西人民出版社，2009.

沁水县志编纂办公室编. 沁水县志. 太原：山西人民出版社，1987.

田同旭、马艳著. 沁水史话纵横. 太原：山西人民出版社，2005.

田同旭、张道德整理. 沁水县志逸稿. 太原：山西人民出版社，2010.

阳城县志. 乾隆时期.

阳城县志. 同治时期.

续阳城县志. 光绪时期.

阳城县志编纂委员会编. 阳城县志. 北京：海潮出版社，1994.

阳城县手工业志编写组编. 阳城县手工业志. 1989.

阳城县农业局编. 阳城县农业志. 1987.

泽州府志. 光绪时期.

沁源县志. 民国时期.

张星社主编. 阳城商贾史料. 政协阳城县委员会，2014.

张桂春主编. 沁水商贾史料. 太原：北岳文艺出版社，2013.

车国梁主编. 三晋石刻大全·沁水县卷. 太原：三晋出版社，2012.

卫伟林主编. 三晋石刻大全·阳城县卷. 太原：三晋出版社，2012.

杨平. 人文晋城. 北京：中国旅游出版社，2006.

李向阳. 老城沧桑. 北京：中华书局，2010.

中国作家协会山西分会编辑.赵树理全集.太原：北岳文艺出版社，1999.

江地.江地回忆录.中共沁水党史资料征集组，1987.

谢红俭.晋城古堡.太原：山西古籍出版社，2005.

葛水平.河水带走两岸.太原：北岳文艺出版社，2013.

上伏村志.1995.

蒿峪村志.2004.

下孔村志.2001.

町店村志.2010.

南安阳村志.太原：山西人民出版社，2014.

义城村志.2008.

"沁河风韵"学术工作坊大事记

2014年

6月20日

"三晋文化传承与保护协同创新中心"在山西大学中国社会史研究中心报告厅隆重举办工作部署会议暨"沁河风韵"学术工作坊首场报告会。该"协同创新中心"召集人、山西大学副校长行龙教授以《鸣锣开张：走向沁河流域》为题，向与会者简要介绍了"沁河风韵"学术工作坊（workshop）的基本工作原理和工作步骤。同时，行龙教授对沁河流域（阳城—沁水段）的整体情况进行了介绍，为全面展开沁河流域的学术研究提出具体的想法与建议。历史文化学院、文学院、政治与公共管理学院、教育学院、美术学院、体育学院、音乐学院等多所院系和科研机构的负责人、资深教授和科研骨干，人力资源处吴斗庆处长、发展规划处吴文清处长、图书馆杨光副馆长及中国社会史研究中心全体师生参加了会议，一起聆听了学术报告，并进行了热烈的讨论和交流。

在会议上，行龙副校长聘请文学院田同旭教授作为学术顾问，并邀请他在6月底为本协同创新中心所有参加者举办"沁河风韵"第二场学术报告会；聘请人事处吴斗庆处长担任总协调，负责组织各相关学科参加者集体赴沁河流域沁水、阳城两县开展研究工作。

6月27日

"沁河风韵"学术工作坊第二场学术报告在山西大学图书馆三层会议

室举行。主讲人文学院田同旭教授以《沁河流水：沁水古村落漫谈》为题，向参会者介绍了沁水县的地理位置、历史文化、社会经济以及风土民情等情况。会议由文学院史秀菊教授主持，人事处吴斗庆处长、《山西大学学报》主编刘庆昌、文学院、历史文化学院、政治与公共管理学院、教育学院、体育学院、音乐学院、美术学院等相关院系机构科研教学人员及中国社会史研究中心全体师生参加了会议。

"三晋文化传承与保护协同创新中心"召集人行龙教授对本次讲座给予了高度评价，并对今后的工作进行了安排部署：1. 要求各学院负责人积极组织人员申报选题；2. 由中国社会史研究中心张俊峰教授做"沁河风韵"学术工作坊的第三场报告，为大家介绍阳城的历史与村落；3. "沁河风韵"学术工作坊信息发布平台在中国社会史研究中心网站正式运行。最后，行龙教授带领大家参观在山西大学图书馆四层"山西地方文献部"成立的"沁河风韵"学术工作坊。

7月4日

"沁河风韵"学术工作坊第三场学术报告在山西大学中国社会史研究中心报告厅举行。主讲人中国社会史研究中心张俊峰教授以《濩泽河畔：阳城古村落历史文化刍论》为题，从阳城的历史变迁、风土人情、社会经济、民间信仰等角度全面介绍了沁河流域阳城段的具体情况，并且从多方面为研究者提出了探讨的话题。

报告结束后，行龙教授对后期的研究工作进行了安排：1. 鼓励大家积极进行选题申报的工作。2. 准备下周进行圆桌会议，届时将由个人进行选题陈述。3. 2014年7月20日左右，展开实地调研工作。

7月11日—12日

"沁河风韵"学术工作坊第四场学术报告在中国社会史研究中心报告厅举行。报告以《相得益彰：二十余选题聚集商讨》为题，对汇集于文学院、历史文化学院、政治与公共管理学院、体育学院、美术学院和环境与资源学院等院系和科研机构教学人员的30余项选题进行了商讨论证。

商讨结束后，召集人行龙教授与各专家教授就开赴沁河流域的具体工作行程进行了讨论与交流。

7月29日

"沁河风韵"考察团队一行30余人于中午到达晋城市。下午三点，"沁河风韵"学术考察活动启动仪式在晋城市太平洋大酒店隆重举行。晋城市市委常委、宣传部长、市政府党组成员张志仁主持仪式，山西大学副校长行龙和30余位专家教授参加了启动仪式。张志仁指出，各级各部门要高度重视、加强协作、积极配合、加强交流，切实为"沁河风韵"学术考察活动提供好服务，确保真正挖掘出沁河文化的深邃内涵。山西大学副校长行龙教授为晋城市推荐的六位地方专家田澍中、谢红俭、王扎根、王家胜、姚剑、乔欣颁发了聘书。双方就接下来的学术考察具体安排进行了讨论与交流。仪式结束后，考察团队随即开赴沁水县城，展开考察活动。

7月30日

考察团对位于沁水县西南部的历山国家级自然保护区进行实地考察。上午，考察团前往汇集了丰富历史文化资源和自然物种资源的亚高山草甸——舜王坪。舜王坪位于山西省翼城、垣曲和沁水三县交界的历山自然保护区内，周围树木茂盛、山石林立，坪上绿草如茵、百花齐放，舜耕历山等丰富的传说故事引人入胜。考察团对当地的自然地貌、植被生态、传说故事和历史文化等方面进行了详细考察。

下午，考察团参观考察女英峡自然风景区。女英峡又称西峡，因娥皇女英传说而得名。峡谷两岸壁立千仞，怪石嶙峋，潺潺流水行走在深谷之中。在山水之间，考察团实地感受了太行山峡谷地貌。

随后，考察团深入下川遗址发掘现场。主持此次发掘工作的北师大考古学专家杜水生教授进行现场讲解，跟大家分享最新发现成果。

7月31日

上午，考察团前往位于沁水县西南部以家族聚居为主的古村落——西文兴村。位于该村的柳氏民居据传由柳宗元家族后裔迁居此处而建。现保存完好的柳氏民居是研究明清建筑的典范。考察团对柳氏民居的建筑形式与布局以及丰富的砖雕、石雕、木雕、门墩等建筑装饰进行了详细的考察。河东柳氏迁居于此的传说故事和柳氏家族的宗族建构为专家学者的相关研究提供了宝贵资料。

下午，考察团前往著名的商业古镇、旧沁南县政府所在地南阳村进行考察。该村保存完好的古街道、商铺及古院落，是研究沁河流域古代商业市镇发展的重要资料。考察团专家教授头顶烈日，脚踏酷暑，对这些历史遗迹进行了详细的考察。随后，考察团参观了位于该村的抗日军政大学分校旧址，图文并茂的解说和实物丰富的展览还原了抗战时期军民共同抗击日本侵略者的历史史实。抗日军政大学分校旧址所在的古庙中保存的大量碑刻、壁画和雕塑，为研究当地社会发展和民间艺术提供了丰富的资料。

离开南阳村，考察团前往同样位于古商道上的交口村。该村保存完整的交龙古石桥与古车马店院落是当地商业发展的重要见证，紧靠交龙古桥的舜帝庙里残存的壁画和碑刻资料极具艺术与史料价值。在其中一个古车马店院落内，考察团参观了侵华日军制造的交口惨案遗址。

自此，考察团结束沁西考察活动，前往沁水东部地区，途经端氏聚遗址。端氏聚位于沁水县城东25里的西北城村北，史载三家分晋后，迁晋君于此。考察团考察了端氏聚的自然地理环境及三家分晋后晋君活动的历史。在端氏镇，考察团参观了民国时期重要政治人物贾景德故居，登临残存的端氏古城墙，了解了昔日沁东中心地的兴衰历史。

晚上，到达嘉丰镇长畛村，中国社会史研究中心行龙教授、政治与公共管理学院董江爱教授等课题小组召开座谈会议，对当天考察情况进行总结讨论。

8月1日

上午，考察团前往沁水县郑村镇明代政治家、军事家孙居相、孙可相、孙鼎相等名臣故里湘峪村，考察有"三都古城"之称的湘峪古堡。湘峪古堡始建于明朝天启年间，经过长达十余年的精心营建，形成一座雄奇的堡寨式村落。考察团依次参观了极具特色的藏兵洞、水牢、三都堂、帅府院、金鸡楼、棋盘院、官帽院、关帝庙和古城墙等古堡建筑与院落。丰富的碑刻资料和实物建筑为研究当地堡寨式村落社会提供了重要依据。

下午，考察团前往历史文化名村沁水县嘉丰镇窦庄村。窦庄村初为以窦氏家族为主的村落，窦氏宋代迁居于此，兴盛一时，后窦氏守茔人张氏在明代中后期崛起，族人张五典、张铨、张道浚先后为官。张五典晚年修筑城堡，以应海内之乱，而明末抗清将领张铨之妻霍氏率僮仆抗击农民军之事使窦庄以"夫人城"而闻名于世。丰富的历史文化资源使窦庄具有巨大的研究价值。考察团对该村残存古城门、窦氏祠堂、常家大院、佛庙、窦氏老宅、尚书府上宅、尚书府下宅、张氏九宅建筑群、窦氏东关建筑群、旗杆院、耕读院、贾氏宅院建筑和霍夫人故居群等建筑进行考察。

随后，步行前往与之相邻的郭壁村。郭壁村历代文人辈出，人文底蕴丰厚。同时由于处于交通要道，历史时期该村商贾纷至，富甲一方，有"日进斗金"之称。郭壁村分为郭南、郭北两村，考察团在郭北村参观了韩氏进士第、"三槐里"和"青绸里"等古建筑群落；在郭南村，参观沁水古十景之一"沁渡秋风"的沁河古渡口遗址及紧邻渡口的府君庙。

之后，考察团一行前往现代著名小说家、人民艺术家赵树理故乡沁水县嘉丰镇尉迟村，集体拜谒了赵树理墓地，参观了赵树理故居。随后，考察团对该村尉迟恭庙进行考察，庙中正殿内保存完整的清代壁画，人物形象栩栩如生，具有较高研究价值。

自此，结束沁河流域沁水段田野考察。

8月2日

上午，考察团前往阳城县东部的润城镇上伏村。上伏村位于商业古道交会处，是晋商往来必经之路。村中现存一条三里长的商业大街，又称龙街，街道两旁店铺林立，服务行当应有尽有。该村成汤庙便位于龙街中段，建筑规模宏大，造型别致，彩塑亮丽，文化底蕴深厚。考察团分别对上伏成汤庙、三里商业长街以及沁河古渡口遗址进行了考察，详细了解了当地民间信仰和商业发展等状况。

随后，考察团一行前往沁河流域防御性堡寨建筑的典范——润城镇砥洎城。专家学者们穿行迷宫街道，登临雄伟城墙，考察了砥洎城自然地理环境与历史发展情况。雄伟壮观的坩埚城墙具有强烈的地方特色，显示了当地发达的冶铁业。考察团对当地冶铁业和商业的发展进行了详细的考察。

之后，考察团步行前往润城镇东岳庙，对该庙中碑刻、壁画、石雕、建筑装饰等具有极高研究价值的历史文化资料进行考擦。

下午，考察团前往润城镇上、中、下三庄进行考察。古称白巷里的上、中、下三庄不仅名人辈出，民谚有"郭峪三庄上下伏，举人秀才二千五"之说，同时以其丰富的自然资源曾为阳城的冶铁中心。考察团首先前往下庄参观商人杨氏古宅。之后，到达中庄参观该村汤帝庙，了解当地信仰状况，考察当地冶铁业发展历史。最后，考察参观上庄村明代政治家、改革家王国光及其家族营建的大型建筑群——天官王府，考察团参观了该村从元明清至民国各个历史时期的建筑，并观看当地非物质文化遗产"中庄秧歌"表演，感受当地民俗文化。

8月3日

上午，考察团前往清代名相陈廷敬故里阳城县北留镇皇城村。皇城村堡是山西南部一座极具特色的城堡式建筑群。考察团对皇城村堡内堡外的建筑布局、装饰、陈氏家族兴衰历史以及当地旅游开发现状等进行了详细的考察。随后考察团前往与皇城村相邻的郭峪村，考察该村见证昔日商业辉煌的古街道、气势恢宏的成汤庙以及雄伟壮丽的豫楼等历史遗迹。

下午，考察团前往著名的海会寺，登唐代砖塔，游览阳城古八景之一的"海会龙湫"，参观名人辈出的书院——海会别院。考察团对寺中碑刻资料、古建筑和海会别院的兴衰历史进行了详细的考察。之后，考察团前往九女仙湖风景区，感受沁河流域的湖光山色，参观雄伟的杜河大坝。

8月4日

上午，考察团前往阳城县八甲口镇下孔村，考察当地传统造纸工艺。当地村委会组织考察团观看土纸生产纪录片，带领专家学者实地了解土纸生产工艺，邀请手艺人进行实物演示。随后，考察团前往八甲口镇蒿峪村考察当地蒸笼制造工艺及历史发展情况。对手工造纸业和蒸笼制造业等传统制造业的考察，有利于更深一步研究当地社会经济发展情况，保护即将消失的传统制造工艺。

下午，参观当地一家麻鞋厂，了解麻鞋生产工艺及当地乡村经济状况。之后，考察团前往蟒河风景区，考察参观黄龙庙。

8月5日

上午，考察团前往阳城县白桑乡洪上村进行考察。该村以范姓为主，范家祖辈依靠木材生意发迹还乡后修建十三院，范家十三院是该村最大的历史建筑群。考察团专家学者对精美的雕刻与装饰以及范家经商兴衰的历史进行了详细考察。此外，考察团参观考察了该村现存的白龙庙及一座武术世家宅院。

随后，考察团前往南安阳村参观著名的潘家十三院。潘家十三院是该村富商潘氏在清代营建的庞大古建筑群中保存较为完整的一部分，精美的雕刻装饰和院落布局极具研究价值，潘氏经商的兴衰历史也为研究当地商业发展提供了重要资料。

在后则腰村，考察团参观该村月亮琉璃厂以及琉璃生产老窑址，考察传统琉璃制造工艺及其历史传承状况。

下午，考察团前往小尖山风景区，考察古迹佛光殿、玉皇殿、五瘟殿、关帝庙、千佛阁、春秋阁、凌云梯等。

之后，考察团一行前往具有悠久革命传统的横河镇，参观当地旅游开发与自然生态状况。

8月6日

上午，由于析城山暴雨，取消析城山考察活动。考察团参观了当地抗日纪念馆。通过图片和实物展览，这座纪念馆以丰富可信的史实展现了侵华日军在当地的残暴行径。之后，考察团前往阳城县城，参观考察阳城县古城墙、文庙及县衙。

参观完毕后，考察团步行前往举世闻名的英国女传教士艾伟德旧居地六福客栈，实地了解艾伟德不远万里帮助中国人的感人故事。

晚上，7点30分至10点30分，"三晋文化传承与保护协同创新中心"召集人行龙教授主持召开沁河流域学术考察总结会议。各专家学者总结本次考察收获，制定课题研究计划，同时对当地政府在旅游开发和古建筑保护等方面提出建议。行龙教授对"沁河风韵"学术工作坊之后的安排提出建议。

会后，山西大学环境与资源学院上官铁梁教授和美术学院张明远教授接受晋城市电视台关于本次学术考察的专访。

8月7日

为全面了解沁河流域的全貌，考察团驱车三个小时到达河南省武陟县，参观考察当地嘉应观与沁河入黄口。武陟县河务局相关负责人在沁河口对沁河与黄河水文情况及引黄工程进行现场讲解。

下午，返回途中参观晋城市青莲寺上下两寺，考察保存于该寺的丰富碑刻、壁画及彩塑等历史资料和艺术珍品。

晚上，7点30分至10点，行龙教授主持召开第二场沁河流域学术考察总结会议。各专家学者继续上一场总结会议进行讨论。行龙教授就之后"沁河风韵"学术工作坊的工作安排与考察团各专家教授和地方专家进行交流。

8月8日

上午八点，启程返回太原，途经武乡县。下午三点到达山西大学。

8月20日—23日

山西大学环境与资源学院上官铁梁教授带领郭东罡副教授、张婕讲师及硕士研究生和本科生，共计10人，对沁河源头进行了考察。此次考察主要前往花坡、鱼儿泉沁河源头区和韩洪沁河源头区的20余村庄，全面调研沁河源头自然生态环境，水源出露泉群及水源补给，生物多样性，植物资源，动物资源等情况。通过此次考察，上官铁梁教授研究团队初步确立了关于沁河湿地和沁河花木的两项研究课题。

8月23日

在新学期到来之际，"沁河风韵"学术工作坊组织的题为《"沁河风韵"学术工作坊沁河流域田野考察纪行》的展览活动在山西大学文科楼一楼举办。展览共分八个部分，以时间为线索，用图文并茂的方式介绍了"沁河风韵"学术工作坊暑期田野考察活动的情况。此次展览活动在全校师生之间产生了巨大的反响。

8月24日

"三晋文化传承与保护协同创新中心"召集人行龙教授在山西大学中国社会史研究中心主持召开"沁河风韵"学术工作坊第五场学术报告，主题为各课题组选题讨论。首先，行龙教授对学术工作坊的后期工作进行了部署，就"沁河风韵"系列著作的成书体例、整体风格以及下一步田野工作的方法等问题向大家进行了说明。同时，具体安排晋城市地方专家到山西大学进行讲座的相关事宜。

随后，参加"沁河风韵"学术工作坊的20余位专家教授对各自的选题进行了汇报讨论。行龙教授分别与每位专家教授就各自的选题及写作规划进行了讨论交流，向大家提出自己的想法和建议。讨论会气氛热烈，来自不同专业的专家教授从不同角度对选题进行讨论交流，进一步拓宽了各选题的研究视野，深化了对相关问题的认识，细化了具体的研究计划。本次选题讨论会也显示了经过多学科团队合作的实地田野考察后，专家教授们对各自选题及相关问题有了进一步的认识。

8月27日

"沁河风韵"学术工作坊第六场学术报告在山西大学中国社会史研究中心报告厅举行。此次学术报告特别邀请的阳城地方专家、阳城县志办主任王家胜先生，以《洗尽铅华见雪肌——沁河流域阳城段的文化密码》为题向各位专家教授做了一场地方特色浓厚的学术报告。王家胜先生根据自己多年对阳城地方文化的研究，首先用一首自创的《阳城赋》向大家介绍了阳城丰富的历史文化资源，后选取八个方面，以"为什么"的形式介绍了阳城县的多个文化谜题。报告引起了热烈的讨论，各位专家教授根据暑期的实地考察和对文献资料的查阅，向王先生提出了一些具体而深入的问题。行龙教授从沁水和阳城的区域划定，明代前后当地开发情况及当地移民状况等方面与王家胜先生进行讨论。此次报告有利于专家教授们更加深入地了解当地情况，为各位专家教授与地方进一步的交流以及后续田野考察提供了平台。

8月28日

"沁河风韵"学术工作坊第七场学术报告在山西大学中国社会史研究中心报告厅举行。主讲人沁河文化研究会副会长、沁水县地方研究专家王扎根先生以《沁河文化研究会对沁水古村落的调查研究》为题，向大家介绍了沁河文化研究会形成的过程和对古村落进行调查的过程。以沁河文化研究会在沁水古村落的研究活动为主线，王扎根先生不仅向大家介绍了沁水古村落的研究现状，同时也向大家呈现了沁水古村落的丰富面貌。其中关于古村名的分类引起了学者们的极大兴趣。各专家学者认为，沁河文化研究会根据村落实际情况对村名进行的分类，具有很大的学术意义。王扎根先生在报告后再次向各位专家学者发出邀请，欢迎大家再到沁水进行田野考察。报告结束后，行龙教授就接下来几天专家学者与地方专家的讨论交流进行了安排，希望大家把握机会，多做交流。

8月29日

"沁河风韵"学术工作坊受到媒体的高度关注。2014年8月29日的《发展导报》以《探寻沁河流域的历史文化基因——山西大学"沁河风韵"学术工作坊田野考察纪实》为题，全面报道了"沁河风韵"学术工作坊研究团队深入沁河流域进行田野调查和多学科协同创新的各项工作。

8月29日—9月17日

方言专家、文学院史秀菊教授带领学生前往沁河流域（沁水—阳城段）进行了为期20天的方言调查活动。此次调查共选择了三个方言点，走访了沁水县端氏镇、中村镇和阳城县县城、北留镇、横河镇以及蟒河沿岸等六个地方。在每个方言点，师生分别进行了定音系和方言词汇分类调查等工作。在此过程中，通过访谈获取了大量的当地方言录音资料，这一方面是对该地方言的记录与保护，同时也为后续研究工作积累材料。此次调查受到了"沁河风韵"学术工作坊和当地相关部门的大力支持。

9月9日—13日

美术学院、美术史专家张明远教授和著名书画家武晓梅教授前往晋城市进行了为期四天的田野考察活动。此次考察活动选取了晋城市泽州县青莲寺上下两寺、玉皇庙，高平市开化寺、万寿宫、圣姑庙和定林寺等七座寺庙为主要考察点，对这些寺庙中保存的壁画和雕塑等艺术形式进行了细致的考察。两位教授主要从美术史、雕塑史的角度对上述寺庙进行了考察，并通过对地方社会的了解进一步挖掘其中蕴藏的丰富历史内涵，充分体现了"沁河风韵"学术工作坊多学科交流的特色。

9月9日

2014年9月9日的《山西日报》以《多学科扫描沁河流域》为题，对"沁河风韵"学术工作坊的田野调查和科研工作进行了报道。报道对"沁河风韵"学术工作坊的各项工作进行了高度评价，其中写道"30多位专家、11天田野考察，山西大学'沁河风韵'学术工作坊对沁河流域进行了全方位的解读，在旅游开发、产业发展等方面提供了大量借鉴，走出一条高校产学研结合、服务经济社会发展的新路子。"

9月18日

晋城市文联副主席谢红俭女士应邀在山西大学中国社会史研究中心举行"沁河风韵"学术工作坊第八场学术报告。凭借多年来从事沁河流域文化发掘和宣传工作的经验，谢红俭女士以《沁河古堡和沁河文化探讨》为题，为大家带来了一场精彩的报告。报告共分三个部分，分别对沁河流域古堡的建筑特色、沁河文化的特点和沁河文化面临的问题进行了讲解。第一部分，谢红俭女士共总结了沁河流域古堡的四个特色，同时对一些问题提出了自己的思考。第二部分，以"长""多""厚"为总结，分析了沁河文化的特点。最后，谢女士提出了当前沁河文化面临的问题以及相关意见。谢红俭女士丰富的沁河文化经历使整场报告亮点迭出，一些问题引起了大家的热烈讨论。例如，就沁河流域古村落的寺庙信仰问题，美术学院的张明远教授和中国社会史研究中心的郭永平博士分别提出了自己的疑问。行龙教授向谢红俭女士了解了报告中提到的一个受访老人的情况以及当前沁河文化的研究进展。此次报告再一次加强了"沁河风韵"学术工作坊参与学者与地方专家的联系，为进一步的学术研究提供了便利。

9月28日—30日

体育学院李金龙教授、刘映海副教授和杜杰讲师前往晋城市，对当地民俗体育文化等相关内容进行了详细调查。他们首先前往晋城市体育局、晋城市博物馆等相关部门，搜集当地民俗体育现状的资料。然后分别在晋城市项目协会、武术协会、老年体协、门球协会、围棋协会等部门召开座谈会，通过访谈进一步了解当地民俗体育发展历史与现状。通过此次考察，李金龙教授团队初步确立了沁河流域的传统体育文化和沁河流域的武备研究两项研究课题。

10月1日—7日

政治与公共管理学院董江爱教授、慕良泽副教授和博士生徐朝卫对阳城县郭峪村和皇城村进行了重点调研。他们先后走访郭峪村委会、皇城村委会、两村所在镇政府等单位，针对两村中的村民治理、村民参与、村民自治等基层民主问题进行了访谈和调研。调研和访谈对象主要有两村所在镇政府工作人员、两村历届村干部、现任村干部、村中老人、青壮年、妇女等。

通过对两村有关村民自治方面的访谈和调研，董江爱教授团队对两村历史上的村治情况进行梳理，重点对现在两村的治理状况进行对比，找出造成同为古村落的两村为何在治理和发展中呈现出如此巨大差异的原因，并和当地村民和村干部共同探讨今后两村治理的方式和途径。董江爱教授一行人在两村的调研过程中，受到两村纯朴老百姓急切想改变村现状的感染，他们希望通过此次认真扎实的调研给两村提出走出困境的具体方法和措施。

10月8日—10日

环境与资源学院郭东罡副教授和张婕讲师在沁源县环保局和官滩乡政府的配合下，带领硕士研究生数人，考察了沁河水源补给区。此次主要对庄儿上、景凤水源补给区及官滩乡生态控制区的24个村庄进行考察。沁河主要支流紫红河和赤石桥河的发源地，是沁河水源的重要补给区，同时还是沁河上游重要的水源汇集地，接纳多处支流。此次主要针对上游河流湿地植被进行重点考察，并对补给区泉域的水文条件进行了解。

10月19日—22日

文学院民俗学专业卫才华副教授等四人在晋城调查第三届"太行书会"曲艺邀请赛，实际采访了12位泽州四弦书、鼓书艺人，其中重点访谈了泽州高都镇大兴村陈栓发、犁川镇崔河村崔小红、金村镇东六庄王同生、巴公镇柏杨坪村李永庭、柳树口镇南庄村马莉等说书艺人，了解到鼓书的历史变迁与师承关系。此次调查还就当下鼓书非遗传承人与鼓书市场情况，访问了晋城市曲艺家协会主席司剑虹、泽州文化馆张鲜红等人，并搜集到一些鼓书、四弦书非遗项目的文本资料和影像资料。

11月1日—7日

历史文化学院考古系教师刘辉博士带领学生前往晋城进行田野调查。此次调查的目的是复查已发表相关材料的瓷窑遗址，并在其周边范围进行重点调查；调查方志等史料中记载但尚未发现的瓷窑遗址；调研当地文博单位收藏的相关瓷器。调查组分别在沁源县石台村、杭村、韩洪村、李成村（张家山）、留神峪、柏子村和韩家沟村、沁源县文物馆、晋城博物馆、阳城县演礼乡瓷窑址、阳城县东关村瓷窑址、阳城后则腰村、泽村冶底岱庙瓷窑址、晋城杨洼瓷片堆积、泽州常角村瓷窑址、泽州东南庄瓷窑址等地进行了细致的调查。

11月6日—10日

中国社会史研究中心郭永平博士赴沁水进行历史文化考察，此次考察得到了《沁河》杂志主编王扎根老师的大力帮助，先后在郑村镇半峪村、嘉峰镇嘉峰村、尉迟村、武安村、殷庄村、长畛村进行了考察。此次考察分两个部分：一、收集资料，如收集到了《长畛村志》《半峪村志》《中村村志》《李氏族谱》等文献资料，以及碑刻资料照片上百张。二、对地方文化持有者进行深入访谈，对村落的历史传说、变迁过程和现实情况进行了较为深入的了解。此次田野考察充分体现了关注民众、关注社会、贴近大众、贴近现实的特点。

11月12日—17日

历史文化学院周亚副教授赴晋城进行田野调查。通过在晋城市档案馆、图书馆、博物馆查阅资料，发现集体化时期关于蚕桑的相关资料，并在博物馆参观唐代铁质蚕体文物。随后，周亚副教授前往沁水端氏镇、古堆等养蚕村镇进行实地调查，了解桑树品种、种植情况，蚕的喂养过程、效益，以及有关蚕的习俗等问题。通过在孙文龙精神研究会查阅资料，收集到《春蚕》杂志数册。此次田野考察，不仅获得了关于晋城地区蚕桑情况的丰富资料，而且通过实地观察进一步了解了当地养蚕与植桑的历史与现状。

11月20日—24日

中国社会史研究中心郭永平博士赴阳城县进行沁河风韵历史文化考察。此次田野考察主要对当地民间信仰进行了深入了解，先后考察了阳城县北崦山白龙庙，纪念广禅侯的水草庙，下交村的汤帝庙，阳陵村的寿圣寺、汤帝庙，刘西村的崔府君庙，窑头村白龙庙，苏庄法轮寺，李街村关帝庙，贝坡村祖师庙。此外对中华山、天坛山也进行了考察。资料方面收集到《李街村志》《下孔村志》《蒿峪村志》等地方文献，收集碑刻照片资料200余张。对阳城县北留镇郭峪村的调查是本次田野考察的另一重点，通过观察与走访，比较深入地了解了郭峪村的历史变迁过程。

11月20日—25日

教育科学学院教育系孙杰副教授赴阳城县考察。此次调查主要是对从榼山到樊山之间沁水流经之地的教育文化存留情况进行全面地了解，并重点对樊山文化圈的教育文化进行了考察。经过实地走访，对于沁水流域的社会文化生活有了更进一步地了解和体悟。其中海会寺及其周边社会历史上的教育文化状况是孙杰副教授对沁水流域传统教育文化研究中的一块重要内容，这些深入实地的考察活动为海会寺相关内容的写作与分析提供了第一手的资料和直接的历史感触。

11月27日—30日

文学院民俗学专业卫才华副教授带领学生张小丁、郑月、苗贤君等赴高平市调查。实地主要采访了6位高平鼓书艺人，分别是：东城镇店上村巩元儿、原村乡原村崔永斌、河西镇常乐村李志明、三甲镇路家山村李守仁、马川镇庄头村李续才、野川镇牛晚生。高平鼓书是一种地方说唱艺术，历史十分悠久，曾在当地社会广为流行。通过对鼓书艺人的深度访谈，课题组构建起这些民间艺人的个人生命史，并在此基础上进一步了解了鼓书等民间说唱艺术与当地民俗生活的关系。此外，这次田野考察还搜集到一些鼓书传说和鼓书书目等珍贵资料。

12月8日

文学院民俗学专业郭俊红博士前往阳城进行田野调查。此次调查首先对润城镇的成汤庙进行了考察，并且通过实地走访和资料搜集进一步了解了润城镇的历史与现状，以对当地成汤信仰形成的社会历史基础有所了解。随后，郭俊红博士前往阳城县城，对阳城县志办主任王家胜先生进行访谈。主要了解了全县成汤信仰的基本情况，一些典型成汤庙及其所在村庄的基本信息，以为下一步实地考察做好准备。访谈结束后，王家胜先生赠予郭博士相关村庄的出版资料。最后，通过在阳城县周边进行走访观察，实地感受和了解了阳城县城周边的地形地貌和历史文化等情况。

2015年

1月15日

"沁河风韵"学术工作坊第九场学术报告在山西大学中国社会史研究中心报告厅举行。此次报告会由行龙教授主持，以《快马加鞭——沁河风韵项目推进会》为题召集项目参与专家进行讨论与交流。行龙教授首先对其《流风余韵沁两岸》一书的写作进度进行了介绍。通过电脑展示，他逐章介绍了书稿写作情况，并与大家进行讨论交流。接着各位专家学者也对各自项目的进展情况进行了报告。来自不同学科的参会专家学者对每一位报告人的研究课题进行了充分的讨论，并从不同角度提出修改完善建议。

1月20日

文学院民俗学专业郭俊红博士前往阳城县北留镇郭峪村对该村成汤庙进行实地调查。郭峪村的成汤庙保存较为完好，修建时间较早，所以是对于沁水流域成汤信仰进行全面考察的一个重要个案。基于此前对该村已经进行的考察，此次考察更具针对性和系统性。郭俊红博士以民俗学的眼光，对该庙中现存的碑刻、建筑进行考察，并且寻找住庙人和当地村民进行访谈，以期全面复原郭峪村成汤庙的历史发展情况，探寻该庙宇和当地社会之间的联系。

2月2日—5日

历史文化学院郝平教授赴高平市永禄乡对长平之战相关情况进行实地考察。此次考察郝平教授首先参观了长平之战纪念馆，通过一些实物和照片展览，了解长平之战古战场的具体情况，以对文字资料进行补充。随后，郝平教授对周边村庄进行考察，尤其对一些名字与长平之战相关的地点进行了走访，并通过口述访谈，搜集到大量当地与长平之战相关的历史传说故事。

2月8日

环境与资源学院郭东罡副教授和张婕讲师带领硕士研究生共4人，前往沁河源头所在沁源县，重点考察了当地冬季候鸟活动等情况。沁河流域正好处在候鸟迁徙"东亚—澳洲通道"上，作为候鸟的越冬地、繁殖地、迁飞停歇地、迁飞通道、集群活动区，沁河和我国候鸟迁徙有密切关系。此次主要通过布设样线、主要区域蹲守拍照的方法，对经过沁河源头的候鸟进行记录、分类和特征分析。

3月23日—4月3日

文学院史秀菊教授邀请沁水县端氏67岁发音人王小能女士到山西大学,在学术交流中心就语音词汇的核实和谚语、故事等民间文化语料的采集等方面进行了为期十天的方言调查与核实工作。此次调查将访谈人直接邀请到校园当中,是对之前实地考察工作的核实与补充。这样的调查方式既为访谈对象提供了便利的条件,又增强了团队的协作能力,以便进行详细系统的访谈、语料采集和录音等工作。

3月23日—26日

美术学院张明远教授、武晓梅教授与王丽雯讲师带领学生赴沁水、晋城进行实地调查。此次调查主要目的是从专业的角度对该地区明清壁画和古建筑装饰等艺术形式进行实地考察与拍照,例如一些壁画的细节部分、古建筑的构件、古院落中的木雕、石雕和砖雕等。这些实物的照片为下一步分类、分析与解读等工作做好了准备。

4月1日—3日

历史文化学院郝平教授前往阳城县进行考察。抗日战争时期,横河镇是八路军总部通往延安党中央的交通枢纽,在此相继成立了威震中外的"晋豫边抗日游击纵队""八路军晋豫边游击队"等抗日武装,创建了涵盖17个县域范围的晋豫边抗日根据地。郝平教授分别对横河镇晋豫边抗日纪念馆与太岳烈士陵园进行了参观考察,进一步了解了沁河流域抗日战争时期的历史状况。

4月11—14日

体育学院民族传统体育研究室李金龙教授、刘映海副教授和杜杰讲师,带领9名研究生,到沁河流域进行学术考察。考察活动包括与晋城市体育局民俗文化研究相关人员座谈;对窦庄、郭壁、湘峪、西文兴、砥洎城、天官王府、皇城相府、郭峪等古堡村落进行走访;对当地学者王扎根、王家胜等先生进行访谈。经过4天的考察，对沁河流域的地理环境、民风民俗、民间体育、防御体系、关公崇拜、武器制造、武术技艺、武术传承、战事战役等武备和民间体育的各个方面进行了全面的了解。

4月7日—12日

文学院民俗学专业卫才华副教授等4人考察组前往阳城县，采访了《阳城曲艺志》作者李呆庆，鼓书艺人何成福，演礼乡献义村原阳城县曲艺队长王锁荣，并和风云歌舞团张建军实地参与了润城镇润城村白事仪式的鼓书表演。随后，考察组前往沁水县，访谈了《沁水鼓儿词》作者王万红，沁水说书艺人樊家胜、郝腊正、谢丞修，在沁水鼓儿词传承人张邦炉处，搜集了6本民国刻印版鼓书书目。

5月8日—15日

环境与资源学院上官铁梁教授带领环境与资源学院2014级硕士研究生共计9人，前往沁源县灵空山进行考察。灵空山地处沁源西北部五龙川乡，距县城约40公里，是国家级自然保护区。此次考察主要对该区植被、动物、土壤等做了调研和考察，并初步形成调研报告。

5月9日

"沁河风韵"学术工作坊第十场报告会《更上一层楼：沁河风韵项目推进会》在山西大学中国社会史研究中心报告厅召开。项目参与专家分别对各自研究进展状况进行了报告，并听取了各位专家教授的意见与建议。接着，项目负责人行龙教授对"沁河风韵"学术工作坊书稿出版事宜进行了安排。

5月10日—14日

中国社会史研究中心郭永平博士赴阳城县、沁水县进行田野考察。此次田野考察在先前调查的基础上对当地民间信仰进行了进一步的了解，先后考察了阳城县下交村的汤帝庙、山头村奉祀广禅侯的水草庙以及沁水县中村镇、土沃乡的众多庙宇。在资料收集方面主要有《冯村村志》《沁水县志逸稿》等地方文献，收集碑刻照片资料300余张。此外还对沁水县中村镇整体情况进行了详细的考察，通过观察与走访，比较深入地了解了中村镇的神明系统以及区域社会的历史发展脉络。

5月20日—27日

环境与资源学院上官铁梁教授、郭东罡副教授和张婕讲师等5人，从沁河源头出发，沿线经沁源县、安泽县、沁水县、阳城县、泽州县和河南的武陟县至沁河入黄口对沁河全流域进行了综合考察。此次考察主要对该线菩提寺景区、沁源县城沁河过境改造生态工程、柏子河、引沁入汾和川水利枢纽、安泽府城湿地公园、沁河沿岸湿地植被、槐花节、张峰水库、郑庄交汇处、嘉丰沁河大桥、润城湿地公园、太极湖、丹河大桥、丹河水利枢纽、磨滩水电、沁河沿岸生态调查、沁河入黄口、沁河第一湾等地方进行了调研考察。

6月13日

"沁河风韵"学术工作坊第十一场学术报告《沁河源头话沧桑》在山西大学中国社会史研究中心报告厅举行。环境与资源学院上官铁梁教授、郭东罡副教授向大家详细介绍了其科研团队在沁河流域进行湿地、生态多样性、水源保护等方面的学术考察经过及收获，生动丰富地展示了沁河上游的生态环境样貌特点。报告得到行龙副校长的充分肯定，认为这一团队所开展的研究，应该是沁河风韵项目的一抹亮点，别有特色。报告结束后，与会者进一步讨论了项目进行和出版过程中需要注意的各方面问题。

6月11—15日

文学院郭俊红博士带领两名硕士生前往阳城县进行考察。此次田野调查主要前往析城山、崦山、小崦山、上伏村、郭峪村、润城镇、河北镇等地考察汤帝庙和相关民俗活动。与此同时，郭俊红博士一行参观考察了沿途的窑头村白龙禅院、常半村水草庙等民间信仰庙宇。此次考察的主要目的是了解沁水流域汤帝信仰的社会基础、历史变化和目前信仰等情况。为期5天的调查得到了项目聘请的地方专家王家胜主任的热情接待，获得了丰富的实地体验和一手资料。

6月14日—15日

环境与资源学院上官铁梁教授、郭东罡副教授等对沁河源头进行了湿地植被和河流生态的补充调查。此次调查主要目的是补充和完善前期调查的成果，特别是针对沁河源头（花坡、官滩、紫红、景凤）水资源环境和湿地典型植被做进一步调查，并设置生态样方，测量和记录当地主要植被特征，同时对采了5份水样，带回实验室分析。

7月1日—8日

政治与公共管理学院马华教授、慕良泽副教授带领学生前往阳城县润城镇上庄村进行实地调查。上庄村是明代杰出的政治家、改革家、吏部尚书王国光的故乡，具有丰富的历史文化资源，现在已经开发为阳城县一个重要的旅游胜地。马华教授和慕良泽副教授一行主要从政治学的角度在该村开展了农村发展诸问题的实地调查，就其所研究的村庄转型发展等问题进行补充调研，并拍摄了大量相关照片。

9月13日

"沁河风韵"学术工作坊第十二场学术报告《沁河流域项目推进会》在山西大学中国社会史研究中心报告厅举行。中国社会史研究中心郭永平讲师、美术学院王志俊副教授作为代表分别对各自的研究成果进行了汇报。各位专家教授对两位报告人的研究成果进行点评，并提出修改建议。报告结束后，各位专家分别介绍了各自的研究进展与下一步研究计划。来自不同学科背景的专家教授从多学科的角度互相讨论与交流，以进一步提升"沁河风韵"学术工作坊各项研究的学术质量。最后，项目负责人行龙教授与各位专家教授讨论了项目进行和成果出版事宜，明确了项目成果出版计划。

9月19—21日

环境与资源学院上官铁梁教授等3人赴沁河流域进行生态田野考察。此次考察主要前往阳城县和泽州县，对两地的九女仙湖和"沁河第一湾"景区做专项考察采风。期间在"沁河第一湾"所在地阳城县磨滩—寨后村做了详细调查，并对该村保存较为完整的古建民居进行参观考察。此次考察中，课题组还拍摄到大量的图片资料，以对即将出版的研究成果进行补充与完善。

10月2日—6日

美术学院王志俊副教授带领研究生前往晋城市沁水县，对当地湘峪古堡、窦庄古堡、郭壁古堡、柳氏民居、王村古街和刘庄古村落等古村古堡进行田野调查，从美术学的角度充分挖掘沁河流域古村落的美学内涵与艺术价值。此次调查中，王志俊副教授团队还对大量的古建民居进行了拍照存档，以为之后的取样和分析提供素材。调查期间，王志俊老师与当地文化工作者进一步商讨在当地建立创作基地，为学生搭建写生创作交流平台的计划。

10月2日—4日

教育科学学院孙杰副教授赴阳城调查。此次调查的目的在于考察海会寺的办学情况以及全面搜集海会寺现存碑碣。在具体调查内容上，主要对海会寺所在地大桥村的郭姓、刘姓等村民进行访谈，详细地了解了海会寺在新中国成立前后的办学情况。结合海会寺的相关文献资料，此次实地调查在海会寺周围及海会寺寺内查找现存背脊，并对其保存情况及大致内容进行了较为完整的记述。

10月5日—7日

历史文化学院周亚副教授前往高平、阳城等地进行田野考察。此次调查首先对当地蚕姑信仰和"蚕桑书记"孙文龙的事迹等情况进行了实地考察。主要参观考察了当地的蚕姑庙以及玉皇庙中的蚕姑殿，搜集了蚕姑信仰相关的碑刻和口述访谈资料。在阳城县孤堆底村，周亚副教授参观考察了"蚕桑书记"孙文龙纪念馆，并对孤堆底村老支书、孙文龙侄子孙目林老人以及孙文龙纪念馆的馆长等工作人员进行了访谈，进一步了解孙文龙在当地大力推广蚕桑的相关事迹。随后，周亚副教授分别对阳城蚕桑服务中心高级农艺师元锁胜等技术人员和晋城市蚕桑研究所所长崔满善等人进行了口述访谈，了解了现在当地桑树种植和养蚕技术等方面的情况。

11月4日—7日

文学院教师麻林森前往晋城市沁水县、阳城县进行调查、拍照。作为整个"沁河风韵"学术工作坊的总体摄影师，麻林森此次调查主要前往皇城相府、郭峪村、砥洎城、窦庄村、郭壁村、湘峪古堡等地，实地拍摄了各个古村、古堡、古院落的整体风貌和细节特征以及周边的自然环境等。同时，摄影团队还为各个课题组从专业摄影的角度拍摄相关图片资源，以满足沁河风韵学术工作坊图书出版的图片需求。此行共拍摄图片素材150G左右，并全部共享给"沁河风韵"学术工作坊。

11月8日—12日

历史文化学院旅游管理专业刘改芳副教授带领研究生前往晋城，他们分别到上庄村、皇城村、大桥村、窦庄、湘峪村、尉迟村、西文兴村、润城镇砥洎城、郭峪村、大阳镇、南阳村以及六福客栈、阳城县文物局、沁水县文史博物馆、阳城县旅游局等村镇和单位进行了实地考察，并对当地村民和相关单位工作人员进行了访谈。此次田野考察重点调研了关于各村庄村委为旅游发展所做工作、村民是否参与了旅游发展、当地旅游发展过程中的特色活动、相关协会组织等情况。同时，详细了解了这些地方文物建筑结构、街道、环境等改造的过程，收集到了相关旧照片、地图等资料。

本大事记由山西大学中国社会史研究中心研究生张力同志提供

后 记

  人的一生中大约总有一些意想不到的事情会不期而至。在我的学术生涯中，我是没有想到要写这样一本《流风余韵沁两岸》的。

  自1985年研究生毕业留校后，我一直在山西大学从事历史学的教学与研究，整整30年时间，出版学术著作（含合著）十余种，发表学术论文百余篇，但那都是些正襟危坐的所谓"高头讲章"，究竟自己的文字能够在多大范围内为人所识，实在是说不清道不明的。

  是"沁河风韵学术工作坊"同人们的工作热情感染着我，激励着我，也是我们近些年来"走向田野与社会"的治学理念催促着我。踌躇之间，终于丢开那久居校园的规言矩步，依照"兼具学术性和通俗性"的要求，率尔操觚，成此小书。书写得怎么样，已经管不了那么多了，重要的是这个过程令人难忘。

  为了避免不该有的错误和"硬伤"，我特意请田同旭、王家胜两位先生对初稿进行通读指瑕，他们的意见我都认真吸纳了，这是需要志谢的。不过，还有那句老话高悬着，那就是"文责自负"。

  最后想到一个颇有意思的事情是，此丛书编辑出版过程中遇到的几位出版社同志，居然都早已相识相知。美术编辑张慧兵毕业于山西大学美术学院，两位责任编辑王新斐、贾登红就是本人供职的中国社会史研究中心的毕业生，这是一个巧合，也是一种缘分，正像我和"沁河风韵学术工作坊"的缘分一样，也要对他们说声谢谢。

行 龙

2015年11月22日

于中国社会史研究中心